독일 부모는
조급함이 없다

독일 부모는
조급함이 없다

초판 1쇄 발행 2021년 1월 15일
초판 2쇄 발행 2021년 2월 5일

지은이 백경자

펴낸이 강기원
펴낸곳 도서출판 이비컴

디자인 하선희
마케팅 박선왜

주 소 (02635) 서울 동대문구 천호대로81길 23, 201호
전 화 02-2254-0658 **팩 스** 02-2254-0634
등록번호 제6-0596호(2002.4.9)
전자우편 bookbee@naver.com
I S B N 978-89-6245-185-6 (03370)

ⓒ 시골교사 백경자, 2021

- 파본이나 잘못 인쇄된 책은 구입하신 서점에서 교환해드립니다.
- 사진 출처 : gettyimagesbank, Pixabay
- 이 책 내용의 일부 또는 전부를 재사용하려면 저작권자의 동의를 얻어야 합니다.

독일 부모는
조급함이없다

시골교사 백경자 지음

이비락樂

프롤로그

"남들은 못 나가 야단인데 왜 굳이 들어오려고 해?"

 석사학위 논문을 제출하고 한국으로 돌아갈 준비를 하던 중, 아는 분과 나눈 통화 내용이다. 곧 들어간다는 소식을 전했더니 본심과 진심이 짙게 밴 충고를 그렇게 해주었다.
물론 겁이 난 게 사실이다. 한국 교육을 너무 잘 알고 있고, 돌아가는 방법 외에 선택의 여지가 없는 상황이기에 더욱 그러했다.

2001년 9월 말, 10여년의 교직생활을 잠시 접고 다섯 살짜리 큰아이와 돌쟁이 작은아이를 데리고 독일행 비행기에 올랐다. 도착한 도시는 함부르크에서 1시간가량 떨어진 키일(kiel/ 쉴레스비히홀쉬타인 주(州)의 수도). 도시의 바람결, 그 바람결에 묻어나는 냄새조차 낯설었다.

"독일 가서 공부 좀 더 하려고. 괜찮겠어?"

한국의 경쟁시스템 속에서 아이들을 어떻게 키워내야 할지 고민하기 시작한 시점에 던진 남편의 부적절한(!) 멘트다. 나이 서른에 새로운 도전이라니! 물론 기대감도 있었다. 주변에서 주위들은 독일 교육에 대한 정보가 조금은 있었기에 아이들을 위해 도전이 되지 않을까 하는 기대감, 딱 그 정도였다.

6개월 먼저 들어간 남편을 뒤좇아 도착한 독일이라는 곳에서 어린 두 아이의 엄마로, 유학생 남편의 아내이자 늦깎이 대학생으로서 불안하고도 낯선 생활을 시작하였다.

키일은 독일에서도 북쪽에 위치한 인구 25만의 항만도시로 발트해의 킬만에 위치하고 있다. 우울한 안개와 잦은 비 때문에 맑은 날이 드물어 햇빛이 따스한 한국을 자주 생각나게 하는 곳이기도 하다.

키일에서 7년간 몸으로, 마음으로 느낀 온갖 것들 중에 때론 놀라고 감탄할 만한 것도 있었고, 때론 실망스러운 부분도 있었다. 그 느낌과 경험들 중 특히 교육과 관련된 이야기를 풀어보고자 한다. 아이를 교육하는 방식이 우리와 많이 다르다는 것을 경험하면서, 아이들을 위한 또다른 세계도 있다는 것을 교육에 관심 있는 분들에게 보여주고 싶은 마음에서다. 교육은 그 나라의 문화적 배경과 연결되어 있기 때문에 서로 다른 문화적 차이를 이해하면서 말이다.

세상에 완벽한 것이 어디 있을까! 독일 교육이라고 예외는 아니다. 그 안에서도 반성의 목소리와 날 선 비판은 있다. 하지만 그것은 그들의 몫이기에 그런 얘기는 접고 엄마로서, 학생으로서, 한국의 교사로서 느낀 독일 교육에 대한 개인적인 소견을 나누고자 한다.

이 책의 제목처럼 독일 부모들은 아이들에게 조급함을 갖지 않는다. 대학만을 목표로 일찍부터 선행학습 시장에 아이들을 내몰지 않는다. 그들이 그렇게 여유롭게 교육적 가치를 지켜나갈 수 있는 기다림과 여유는 어디에서 비롯된 것일까? 독일의 교육환경에 아이들을 맡겨놓은 후 줄곧 그 의문과 대면해왔다. 그런 교육환경을 이룰 수 있는 것은 그들이 지켜온 교육적 가치 때문만은 아니다. 사회적 시스템이 그렇게 할 수 있도록 뒷받침해주고 있어 가능한 일이다. 오랫동안 고민하며 세운 교육적 가치와 시스템 속에서 독일식 교육의 커다란 수레바퀴가 천천히 굴러가고 있었다.

이 책에는 독일의 교육적 가치를 엿볼 수 있는 기초교육기관인 유치원과 초등학교, 그리고 대학을 중심으로 교육내용을 소개하였다. 여기에 삶 속에서 경험한 독일문화를 곁들였다. 유치원과 초등학교의 경우 아이 둘을 학교에 보내면서 얻은 경험과 생각을 엮은 것이고, 대학과 대학원은 남편과 나의 경험을 토대로 하였다.

독일 교육은 중앙통제를 심하게 받지 않는다. 주마다 교육법이 다를 정도로 차이가 있어 내 경험을 독일 전역으로 일반화하여 적용하는 것은 무리가 있음을 밝힌다. 같은 것을 보아도 느낌은 모두 다를 터. 내용과 해석이 지극히 주관적인 것임도 또한 말씀드린다.

참고로, 유학 시기가 유럽의 경제적 통합을 상징하는 유로화의 시행과 맞물려 1유로가 1,100원~1,600원 사이에서 춤출 정도로 등락 폭이 심했던 상황이었다. 그래서 책 속에서는 환율을 1유로에 1,400원 정도로 평균잡아 계산하였다.

졸작을 내기까지 도와준 분들께 감사의 마음을 전한다. 먼저는 인터넷에 처음 글을 소개해준 ㈜더퍼스트미디어의 최태욱 편집자님, 그리고 이 글을 성의껏 읽고 방향을 잡아주신 출판사 편집자, 그리고 책을 내겠다고 했을 때 기꺼이 읽어주고 격려해주며 교정을 해 준 박보영 선생님. 마지막으로 이 글의 소재거리를 제공하고 개인적인 성장 과정의 공개를 허락해 준 두 아이에게도 진심으로 고마운 마음을 전한다.

부디 개인적 경험이 교육을 고민하는 많은 분들에게 작은 도전이 되길 바란다.

2020년 12월
시골교사 백경자 드림

차 례

프롤로그　　　　　　　　　　　　　　　　　　　　4

1장　유치원에는 학습이 없다

동양 꼬마, 독일 유치원에 가다　　　　　　　　　16
'눈눈이이' 조기교육의 나라　　　　　　　　　　　19
유치원에는 학습이 없다　　　　　　　　　　　　21
조바심 내지 않는 부모들　　　　　　　　　　　　23
친구관계 형성과 부모 역할　　　　　　　　　　　26
바깥 놀이에 나쁜 날씨는 없다　　　　　　　　　　29
치마는 싫어요!　　　　　　　　　　　　　　　　31

2장　구구단 없는 수학공부

속 터지는 수학 진도　　　　　　　　　　　　　　37
계산보다는 숫자의 의미부터　　　　　　　　　　39
참고서가 왜 필요해?　　　　　　　　　　　　　　41
월반과 낙제 사이　　　　　　　　　　　　　　　43
블록타임제로 '살아있는 지식' 익히기　　　　　　46
시네진(Chinesin), 아니거든요!　　　　　　　　　49
'빼박캔트' 담임의 위엄　　　　　　　　　　　　　51
졸업식과 수학여행은 반별로　　　　　　　　　　53
당근으로 성교육을?　　　　　　　　　　　　　　55
남녀문제는 자신들의 몫　　　　　　　　　　　　55
격무에 시달리는 교장선생님　　　　　　　　　　60
불편을 가르치는 나라　　　　　　　　　　　　　63

3장   성적은 있고 석차는 없다

초등 4학년, 선 긋기의 시작점	69
공부의 기본은 글쓰기부터	72
사료 찾는 즐거움의 역사 수업	75
성적은 있고 석차는 없다	78
반 모임에 웬 경찰관?	80
독일에서의 대학 진학	82
목표를 이루게 하는 직업교육 시스템	85

4장   독일의 예체능 교육

여자 아이에게 축구를	91
취미활동으로 바쁜 아이들	93
과외, 선행 아닌 보충일 뿐	95
학습은 없고 티켓만 있는 방학	98
악기보다 감성이 먼저! 음악교육의 원칙	100
이런 사교육	103
음악 경연 대회와 한국 엄마의 극성	106
생일 파티, 부모는 파김치가 되다	108
지역 축제는 아이들도 주인공	111
첫 월급, 그 가벼움에 관하여	113
교육에 정답이 있으랴!	119

5장   졸업, 꽃길 아닌 가시밭길

첫 학기, 그 낯섦과 두려움	125
교수님의 융통성 없는 충고	127
자율, 어색함과 부담스러움으로 다가오다	129
유학 성패의 요인 '말, 말, 말'	133
음식 앞에 권위 따위는 없다	136
저랑 춤추실 분?	138
대학생활, 그 음지와 양지 사이	140
퇴근이 뭔가요	143
뼈를 찌르는 시험 문제	145
졸업, 꽃길 아닌 가시밭길	148
세미나 칭칭나네~	151
탈락한 첫 세미나, 납득할 수 없는 결과	153
쿨한 셀프 졸업식	158

6장   독일문화, 예약과 잠금문화

경고장	163
최강 마트 '알디'	167
우수함 혹은 수수함	170
은퇴 할아버지가 알바하시는 이유	173
양심을 재는 7만 원짜리 질문!	176
감기로 병원에 가면	178
이사, 열쇠 한 뭉치와 잠금문화	180

자전거 교통질서	182
병원비, 약값 모두 제로!	184
여대생이 임신을 했다면?	187
아이 낳는 것이 경제적!	190
독일 정치의 매력	192
'외국인 가정은 말문이 막힙니다'	195
어린이도서관과 책 읽어 주는 부모	198
조물주 위에 건물주, 이곳엔 없다	200
제대로 된 쉼	203
벼룩시장 인생	205
품격을 갖춘 시위문화	209
이웃집 아저씨 같은 변호사	212
딸깍소리, 돈 되는 소리	215
통일의 후유증, 고통 분담으로 이겨내다	218

주변을 둘러보아도 아이의 선행학습에 조바심을 내는 부모는 없다.
어찌 생각해보면 이렇게 법과 제도를 잘 따르는 민족이 세상천지 어디
있겠나 싶을 정도다. 하지만 아니다. 제도에 순응하는 것이 아니라,
교육에 대한 바른 철학이 보편화 되어 있다고 보는 것이 맞다.
교육방침의 단순한 논리 중 하나. 선행학습은 아이를 망친다는 것!

1장

유치원에는 학습이 없다

동양 꼬마,
독일 유치원에 가다

독일에 온 지 일주일 만에 큰아이는 대학교 부설 유치원에 다니게 됐다. 사실 이만저만 걱정되는 일이 아니었다. 말 한마디 못하는 동양 여자아이. '혹시 놀림을 받진 않을까? 화장실은 잘 찾고, 독일 음식은 잘 먹을까?' 등등의 걱정이 밀려왔다.

그런 모습을 보고 주변 분들은 "아이들이 어른보다 더 빨리 적응한다."며 걱정하지 말라고 하셨다. 그분들 말씀이 옳았다. 큰아이는 부모보다 더 빨리 말을 배웠고, 유치원 음식도 잘 먹었다. 또 같은 반 아이들과도 쉽게 친해졌다. 그것은 순차적인 유치원 적응 프로그램의 결과였다.

유치원 등원 첫날, 큰아이는 엄마와 함께 유치원에서 한 시간을 보냈다. 하는 일이라곤 친구들이 노는 모습을 지켜보며 탐색하는 정도. 그다음 날은 두 시간을, 그다음 날엔 세 시간을. 그렇게 점차 시간을 늘려가며 꼬박 한 주를 보냈다. 그러다 보니 어느새 그 생활을 자연스럽게 받아들이고 그다음 주부터는 혼자 유치원 생활을 온전하게 할 수 있었다.

대학교 안에는 탁아소 한 곳, 유치원 두 곳이 있다. 아이가 두 살이 되면 대학 부설 유치원에 보낼 수 있다. 출산 후 바로 학업을 시작하고자 한다면 교내 탁아소를 이용하면 된다. 탁아소는 공강 시간을 이용해 부모들끼리 번갈아 가며 아이들을 돌보는 시스템이다. 이 세 곳 모두, 부모 한쪽이 대학생이면 이용할 수 있다. 부부관계가 법적이든 사실혼이든 개의치 않는다.

우리 아이들이 다닌 유치원은 한 반에 15명씩, 총 세 반으로 짜여 있었다. 반 구성은 두 살부터 여섯 살까지 고르게 섞여 있으며, 반마다 두 명의 선생님이 배치되었다. 한 층을 한 개 반씩 사용할 수 있어서 아이들은 공간적으로 넓고 쾌적하게 생활하였다.

유치원비는 부모의 소득과 아이 맡기는 시간에 따라 다르다. 대부분의 학생 부부는 아르바이트를 한다 해도 소득이 적기 때문에 그리 많은 비용을 내진 않는다. 우리의 경우 한국으로 치면 소득순위 하위그룹에 속해 유치원비를 면제받았다. 매달 낸 것은 아침, 점심 두 끼 식사비인 약 3만 원 정도. 하지만 소득이 일정 수준 이상이면 혜택은 달라진다. 소득이 많은 가정에서 아이를 하루 종일(8시간 기준) 맡기면, 아침, 점심값을 포함하여 월 30만 원 정도를 내야 한다. 이런 부담 때문에 독일 사람들은 아이들이 유치원에 다닐 때 돈이 제일 많이 든다고 말한다.

유치원은 오전 7시 30분에 문을 연다. 1교시 강의가 8시부터 시작되기 때문이다. 부모들은 그 시간에 맞춰 아이들을 맡기고 부랴부랴 강의실을 향해 달려간다. 유치원 문은 평일 오후 4시 반, 주말이 시작되는 금요일은 오후 2시에 닫는다.

한국 국공립 유치원도 비슷한 상황이지만 독일의 대학 부설 유치원 자리 얻기도 생각보다 쉽지 않다. 신청자가 밀려있어 최소한 몇 개월에서 1년 이상 기다리는 경우도 있다. 이런 사전 정보가 없으면 부모 중 한 명이 휴학해야 하는 등 예상치 못한 사태가 발생한다. 그래서 임신을 했다 하면 유치원 자리부터 신청해놓는 게 상책이다.

'눈눈이이'
조기교육의 나라

독일 부모들이 유치원에 들어가는 자녀에게 꼭 해주는 말이 있다.

"다른 친구가 너를 치면 똑같이 쳐라."

큰아이는 깡마른 데다 몸도 허약하다. 그런데 유치원 때부터 누군가에게 놀림을 당했다거나, 맞고 들어온 적이 없다. 독일 유치원에서 배운 위의 '독특한 가르침' 때문이다.

유치원 교사들은 남학생이 여학생 머리채라도 잡아당기면 피해를 본 아이에게 똑같이 하라고 시킨다. 큰아이가 유치원에서 직접 보고 경험한 내용이다. 그렇게 아이들은 어려서부터 인간관계의 기초(?)를 몸소 배워 나간다. 남이 때리면 어떻게 해야 하는지, 그리고 남을 때리면 어떤 결과를 맛보게 되는지를 말이다.
구타나 왕따 가해자에게도 이것은 유익한 가르침이다. 자신의 행동이 어떤 결과로 돌아오는지를 어릴 때부터 몸소 경험하기 때문에 함부로 상대방을 괴롭히지 못한다. 또한 피해자의 상황에서도 문제가 생겼을 때 스스로 자기방어를 하다 보면 문제해결력이 생기고, 상황에 맞는 대응 요령도 익힐 수 있게 된다.

어떻게 보면 매정하고, 살벌하게 느껴지는 부분일 수 있다. 하지만 부모가 아이를 따라다니면서 온종일 지켜줄 수 없는 데다 문제발생의 주체는 아이들이기 때문에 이런 과정을 통해 아이들은 점차 부모로부터 정서적인 독립이 이뤄지는 것이 아닐까 싶다.

유치원에는
학습이 없다

"아니 도대체 왜 아무것도 가르쳐 주지 않는 거죠?"

큰아이의 유치원 교사인 크리스티안에게 물었다. 그녀는 이 질문에 오히려 당황해했다. 마치 그런 질문을 처음 받아 본 것처럼. 그리곤 심호흡을 한 후 이렇게 말했다.

"프라우 백(Frau Baek)! 학교에 가서 해야 할 공부를 왜 유치원에서 하죠? 학습은 학교에서 시작해야 합니다. 미리 공부하면, 아는 것만큼 학교생활에 대한 흥미가 떨어져요."

맞다. 그녀의 말이 백 번이고 천 번이고 맞다. 하지만…

큰아이가 유치원 졸업반이 될 무렵, 유치원에서 예년과 다른 색다른 소식이 들려왔다. '초등학교 입학 준비반'이 개설된다는 것이다.

신기하게도 독일 유치원에는 학습이란 것이 없다. 영어는 고사하고 모국어인 독일어의 알파벳조차 가르쳐 주지 않았다. 그런 생활을 오래 지켜봐 온 상황에서 이번 일은 사뭇 기대감과 호기심을 불러일으키기에 충분했다. '이제야 독일도 정신을 차리는구나!' 싶었다.

'그래, 최소한 알파벳은 줄줄 외우고 학교에 들어가야지.'

그런데 아니나 다를까! 학부모에게 나눠진 안내문에는 기대했던 국어(독일어), 영어, 수학 등의 학습 내용은 전혀 없었다. 대신 오리고 붙이고 만드는 창작활동과 안전교육, 그리고 소방서, 동물원, 박물관 견학 중심의 체험학습이 전부였다.

사실 큰아이 3년, 작은아이 5년간의 유치원 생활을 지켜보면서, 유치원에서 많은 걸 가르쳐 주리라는 바람과 욕심은 진작에 버렸다. 아무리 둘러봐도 선행학습과 관련한 내용이 전혀 없었기 때문이다.
하지만 초등학교 입학을 코앞에 둔 아이를 생각했을 땐, 그래도 포기할 수 없는 마지막 바람 하나, '학교에 들어가기 전에 최소한 알파벳이라도 가르쳐 주겠지!' 하는 것이었다. 이러다가 큰아이는 알파벳 철자 하나 모르고 학교에 들어갈 처지였다.

조바심 내지 않는
부모들

그러던 참에 유치원 선생님에게 이런저런 핀잔을 들은 거다. 그 순간 내 머릿속에선 이렇게 되묻고 있었다. '유치원에서 안 하면, 집에서라도 하겠지. 독일 엄마들이라고 뭐 크게 다르겠어?'

큰아이 단짝 친구인 사라엄마에게 이 부분에 대해 물어 보았다.

"유치원에서는 알파벳을 가르쳐 줄 마음이 없어 보여요. 그럼 부모들이 집에서 가르쳐 학교에 보내나요?"

그때 그녀가 이렇게 말했다.

"아니요. 그럴 필요 없어요. 학교에 가면 다 해주는데 왜 굳이 집에서 가르치죠?"

그녀는 아이의 학습에 대해 전혀 조급해하지 않았고, 학교에 대한 믿음도 확고했다. 자식 교육에 관심 없는 부모가 어디 있고, 내 자식 잘되길 바라지 않는 부모가 어디 있으랴마는 독일 부모들은 달랐다.

주변 어디를 둘러보아도 아이의 선행학습에 조바심을 내는 부모는 없었다. '어찌 생각해보면 이렇게 법과 제도를 잘 따르는 민족이 세상천지 어디 있겠나!' 싶을 정도이다. 하지만 아니다. 제도에 순응하는 것이 아니라, 교육에 대한 바른 철학이 보편화 되어 있다고 보는 것이 맞다. 교육방침의 단순한 논리 중 하나. '선행학습은 아이를 망칩니다. 선행학습은 학생을 학교생활 부적응자로 만듭니다. 이것을 지키지 않으면 학교 교육은 무너집니다!'라는 구호를 철저하게 믿고 따르는 분위기와 국민성, 이것이 바로 건강한 교육풍토를 만들고 있었다.

이러한 조기교육 바람이 유치원은 물론이고 부모들 사이에서조차 불지 않는 것이 오히려 다행스러웠다. 내 코가 석 자여서 아이들 선행학습에 마음 쓸 여유가 없었기 때문이다. 아무리 그렇다고 해도, '경쟁사회에서 조기교육에 관심 없는 세상이 있다니!' 이런 믿기지 않고 이해할 수 없는 세상이 내게는 그저 요지경일 뿐이었다.

결국 유치원 교사 크리스티안의 말대로 아이에게 알파벳조차 가르치지 않고 학교에 보냈다.

반신반의했던 사실이 눈앞에 펼쳐졌다. 아이가 초등학교에 입학하여 국어 시간에 배운 거라고는 알파벳 아(A)에서 체트(Z)가 전부였다.

처음에는 알파벳을 인쇄체, 필기체로 몇 개월간 쓰기만 하다가, 시간이 좀 지나니까 각 알파벳으로 시작하는 단어, 예를 들어 아(A)하면 아펠(Apfel, 사과), 베(B)하면 비르네(Birne, 배) 등을 함께 익혀 나갔다. 1년간 옆에서 지켜보는 나로서는 '참 징하게 진도를 안 뺀다.' 싶을 정도였다.

그러나 얼마 지나지 않아 감동의 현장을 목격할 수 있었다. 아이가 단어를 읽기 시작하더니 어느 순간부터 책을 줄줄 읽어 내는 것이 아닌가! 까막눈이던 아이에게 책을 읽게 해준 학교와 선생님에게 고맙다는 생각이 들 정도였다. 유치원 교사의 말이 틀리지 않았음을 깨닫는 순간이었다.

친구관계 형성과
부모의 역할

"한나가 하은이랑 놀고 싶대요. 다음 주 금요일에 시간 되세요?"

드디어 기다리던 친구의 초대가 시작되었다.

독일 아이들의 노는 방식은 참으로 독특하다. 꼭 친구를 한 명 정해 일 대 일로 논다. 그러다 친해지면 부모를 앞세워서 스케줄을 잡는다. 그렇게 관계를 한번 트면 그때부터 서로 친구 집에 번갈아 오가며 논다. 거기서 더 친해졌다 싶으면 아예 그 집에서 먹고 잔다. 그렇게 일주일에 한 번씩 자기 집과 친구 집을 번갈아 가며 함께 놀고, 먹고, 자는 그런 생활의 반복이 독일 유치원 때의 생활이다.

이런 관계를 맺는 데는 부모의 몫이 가장 크다. 데려다주고 데려오고, 먹이고, 재우고, 그리고 아이가 어리면 함께 놀아주는 일까지 모두 부모의 몫이다.
이런 색다른 문화는 따라 하기 귀찮은, 또 하나의 일거리였다. 그런 문화에 맞추자면 학교와 집을 오가는 동선이 더 길어지기 때문이다.

'애들끼리 알아서 놀면 그만이지, 부모가 나서고 난리야!'라고 생각할 수 있지만, 이곳 부모들은 이 일을 부모의 당연한 역할로 여긴다. 아이들이 친구를 사귀되, 아주 가깝고 친밀하게 사귀도록 세심하게 배려하고 돕는다. 자칫 부모가 이 일에 소홀하면 아이는 또래에서 고립되기에 십상이고 사회성을 기르는 데 어려움을 겪는다고 생각한다.

이러한 분위기 파악에는 오랜 시간이 걸리지 않았다. 하지만 관계를 형성하는데 외국인인 나에게 시간상의 문제 말고 또 다른 변수가 있었다. 그것은 바로 아이들을 묶어 주려 해도 독일 부모들이 꺼리는 눈치가 역력했기 때문이다.

큰아이가 유치원에 다닌 지 서너 달이 좀 지났을 때였다. 큰아이와 제법 잘 지내던 또래 여학생이 언제부턴가 눈에 띄지 않았다. 궁금해 물어보니 다른 유치원으로 옮겼단다. 그런데 유치원을 옮긴 이유가 더 당황스럽다. 유치원에 외국 아이들이 많아지는 것이 싫단다. 그래, 이해도 된다, 또래 여학생 4명 중, 2명이 외국인인데, 그중 한 명은 잘 알지도 못하는 한국에서 왔다고 하지, 또 한 명은 멕시코에서 왔다고 하지, 심란하겠다 싶었다. 아마 독일과 비슷한 문화권의 나라에서 왔다면 얘기는 좀 달랐을지도 모른다.
그래서 그랬는지 그 아이 부모는 유치원을 오가면서 눈 한번 마주치지 않았다. 보통 유치원에서는 모르는 사이라도 스쳐

지나면서 "Hallo!"로 인사를 건네는 게 보통이다. 거리에서 만나는 낯선 행인들조차도 서로 눈인사를 하거나, "Hallo!"를 하며 지나가는 게 이곳 정서이다. 그런데 같은 유치원에 다니면서, 그것도 같은 반 학부모끼리 드러내 놓고 안면몰수를 하니 불쾌하기 짝이 없었다. 이런 불편한 분위기 속에서 먼저 그들에게 다가갈 용기가 나지 않았던 것이다.

부모가 이렇게 망설이며 눈치만 보고 있을 때 큰아이는 스스로 또래 관계를 알아서 형성해 나갔다. 큰아이의 사교적인 성격이 독일 부모 눈에 매력으로 느껴졌는지 그쪽에서 먼저 놀자는 작업을 걸어왔다.

하지만 작은아이는 그런 면에서 큰아이와 아주 달랐다. '저것이 가죽만 한국 사람이지, 속은 진짜 독일 아이 아니야?' 싶을 정도로 시간이 가면 갈수록 독일 아이들처럼 차분하고, 조용하게 변해갔다. 성격이 밝게 튀질 않으니 작업을 먼저 거는 부모도 없었다. 거기다 부모가 시간이 없다는 이유로 이 일에 소홀하다 보니 작은 아이는 유치원에서 외롭게 버텨낼 수밖에 없었다.

바깥 놀이에
나쁜 날씨는 없다

"오늘은 날씨가 좋지 않으니 안에서 놀아볼까?"

독일 유치원에선 결코 들을 수 없는 말이다. 유치원 일과에서 가장 중요한 시간 중 하나는, 바로 '바깥 놀이'다. 아이들은 하루에 두 차례(아침, 점심식사 후) 한 시간씩 야외활동을 한다. 유치원 놀이터에서 그네와 시소를 타고, 모래밭에서 모래성도 쌓고, 삽질도 하며 시간을 보낸다. 이렇게 매일 두 차례, 아이들은 신선한 공기, 살랑대는 바람, 그리고 따스한 햇볕을 만끽한다.

비바람이 사납게 쳐도 예외는 없다. 눈이 와도 무조건 나간다. 유치원에 있는 아이라면 모두 나가야 한다. 이 대목에서 의문이 들 수도 있다. '몸이 안 좋거나, 사정이 있는 아이는?'

결론부터 말하면, 그럴 일이 없다. 이곳 부모들은 아이가 아프면 아예 유치원에 보내지 않는다. 학교도 마찬가지다. '아이가 아프면 일단 집에서 쉬어야 한다'는 원칙을 철저하게 지킨다.

이런 상황이 때로는 유학생 부부를 당황스럽게 만들기도 한다. 우린 어떻게 배웠던가? "학교는 무슨 일이 있어도 꼭 가야 한다."고 귀에 못이 박히도록 듣고 자랐다. 어른들은 "다리가 부러지지 않는 한 학교 수업을 빼먹어선 안 된다"고 말씀하셨고, '우수상'만큼 가치 있는 것이 바로 '개근상'이라며 분위기를 북돋웠다. 배움이 그만큼 절실했기 때문이다.

그런데 이곳은 아니다. 아이가 감기에 걸리든, 배가 아프든, 어딘가 컨디션이 좋지 않으면 학교나 유치원에 보내지 않는다. 몸이 아픈데 억지로 조직 생활을 시키는 것은 아이의 체력을 고갈시키는 행동으로 여긴다. 특히나 감기인 경우는 더더욱 안 된다. 다른 학생에게 전염시킬 수 있고, 기침으로 수업을 방해할 수 있기 때문이다.

이런 문화는 또 다른 낯섦이었다. 아이가 콧물을 줄줄 흘려도 보내고, 열이 나면 약을 먹여서라도 보낼 상황이었기 때문이다. 유치원 교사들은 그런 우리의 행동을 보며 고개를 절레절레 흔들곤 했다. 유치원 외에 달리 아이를 맡길 곳이 없는 나로서는 어쩔 수 없는 선택이란 것을 그들은 이해하지 못했다.

치마는 싫어요!

"옷 더러워진다!"

아이 키우며 자주 해봤을만한 잔소리다. 하지만 이곳 엄마들은 좀처럼 이런 말을 하지 않는다.

이곳은 아이나 어른이나 입는 것에 별로 신경 쓰지 않는다. 청바지에 방수 잠바, 그것이면 외출준비는 끝. 청바지는 아이부터 할머니, 할아버지까지 즐겨 입는 옷이다. 또 비바람이 잦은 탓에 방수 잠바는 외출 시 필수아이템이다. 아무리 좋은 옷도 이 방수 잠바에 가려지기때문에 복장을 보고 그 사람의 사회적 지위와 경제력을 가늠하기 어렵다.

부모들은 아이들 옷이 더러워지는 것에 개의치 않는다. 막 걸음마를 뗄 때부터 아이들은 모래밭에서 모래를 뒤집어쓰며 논다. 노느라고 더러워진 옷에 대해 나무라는 법도 없다. 오히려 아이들의 놀이 욕구가 채워지도록 기회를 주고 옆에서 인내심을 갖고 기다려준다.

이는 초등학생이 되어도 마찬가지다. 학교에 갈 때는 활동하고 놀기

편한 옷을 찾는다. 티셔츠에 청바지면 족하다. 원피스와 같이 예쁜 옷이나, 한 벌짜리 정장은 입지 않는다. 오히려 그런 옷을 입고 가면 놀림 당한다고 입고 가기를 꺼린다.

학교에 갈 때 치마를 거의 입혀 보내지 않았다. 불편해서 놀 수 없다는 이유이다. 특히, 작은아이는 에너지가 넘쳐 쉬는 시간에 교실에 가만히 있지 않았다. 쉬는 시간 15분 동안 놀이터에서 뛰어다니고, 철봉에서 원숭이처럼 매달리다 종이 치면 그제야 교실로 뛰어 들어간다. 넘치는 에너지를 시간시간 마음껏 발산하는 아이에게 치마는 거추장스러울 수밖에 없다.
애나, 어른이나 옷차림에 겉치레가 없고, 그것으로 사는 수준을 평가하지 않으니 주눅 들 일 또한 없다. 입는 것에 돈 쓸 일이 적으니 유학 생활의 스트레스 하나를 던 셈이기도 하다.

복장과 놀이 얘기가 나온 김에 놀이문화를 덧붙이고자 한다. 유치원에 새로운 원장이 부임했다. 그리고 얼마 지나지 않아 그녀의 부임을 축하하는 파티가 열렸다. 한쪽에는 다과가 마련되고, 유치원 각 반 교실에는 간단한 놀이가 준비되었다. 어떤 반에는 모래를 잔뜩 쌓아 놓고 모래 속 깊이 숨겨진 보물(진주 모양의 돌)을 찾게 하고, 다른 반에선 수저에 콩을 담아 나르는 게임을 진행했다. 아이들이 자기 키만 한 자루에 들어가 껑충껑충 뛰며 정해진 코스를 돌아오는 놀이도 준비되어 있었다.

준비된 게임엔 진행자가 따로 없었다. 여기저기서 들려오는 환호성과 웃음소리에 이끌려 아이들은 부모의 손을 잡고 이 반, 저 반, 본인들이 원하는 곳을 오고 갈 뿐이었다.

게임은 전적으로 개인플레이였다. 자루에 들어가 반환점을 돌아오는 것도 혼자였고, 콩을 수저에 담아 조심스럽게 나르는 것도 혼자였다. 경쟁자가 없다 보니 참여하며 즐기는 것만이 목적이었고, 부모들 역시 그 곁에서 환호성으로 아이들의 즐거움에 참여할 뿐이었다. 다른 아이를 이겨서 지르는 환호성이 아니라, 그저 내 아이가 즐거워하며 끝까지 해냈다는 것에 기뻐하고 만족해했다.

틀에 짜인 것이 아닌 자율 속에서, 그리고 경쟁이 아닌 개인적 즐거움을 찾는 속에서 터져 나오는 웃음소리는 그렇게 해맑고 유쾌하기만 하다.

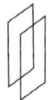

"우리 아이가 남들보다 빨리 가는 것이 오히려 조심스러워요.
자기보다 나이 많은 선배들 속에서 소통하며 건강하게 잘 적응할 수
있을지 걱정입니다. 지적인 부분의 성장도 중요하지만, 그것과 함께
사회성이 좋은 아이로 성장했으면 좋겠어요."

2장

구구단 없는 수학공부

속 터지는 수학 진도

'억 단위가?'

초등학교 수학 교과서를 들여다보다 그만 '억' 소리가 나고 말았다. 논문을 제출하고 한국으로 돌아갈 생각을 하니 정신이 바짝 들었다. 마음이 무겁고 분주해졌다. 가장 큰 걱정은 아이들의 적응문제. 하지만 경쟁적 교육 시스템을 놓고 걱정할 일이 아니었다. 당장 급한 건 한국어였다. 큰아이는 한국에서 기역, 니은 정도를 익혀온 터라 읽기는 좀 하지만, 뜻은 이해하지 못했다. 돌아가면 5학년인데 그동안 놓친 어휘력을 어떻게 만회해 주어야 할지 아주 난감했다.

일단 급한 대로 아는 상사직원에게 한국 교과서 몇 권을 얻어 큰아이와 함께 들춰보기 시작했다. 국어책은 엄두도 못 내었고, 그나마 국어 문장 분량이 적은 수학책에 도전했다. 한참을 들춰보다 벌어진 입을 다물 수가 없었다.

독일 초등수학은 연산, 도형, 크기, 측정에 초점을 맞춰 교육과정을 구성하되 1학년은 숫자 20, 2학년은 숫자 100, 3학년은 숫자 1000,

4학년은 숫자 10000~100만 정도에서 더하고 빼고 나누고 곱하는 일을 반복한다. 그런 교육과정에 억 단위가 필요할 리 만무하다.

실제 큰아이는 1학년 내내 숫자 1에서 20 사이에서만 더하고 빼기를 반복했다. 그것도 공책에 일일이 바둑알을 그려가면서 말이다. 2학년 때 배우는 곱하기와 나눗셈에서도 바둑알은 어김없이 등장한다. 바둑알을 하나하나 그리고, 그것을 묶고, 그 묶음 안에 몇 개의 바둑알이 들었는지, 바둑알이 몇 묶음으로 묶이는지를 계속해서 배워간다. 성질 급한 나로서는 참으로 속 터질 일이었다. 한국에는 구구단도 부족해서 20단까지도 외운다고 하던데, 바둑알을 가지고 언제까지 저렇게 묶었다, 풀었다만 계속하고 있을지. 그런 답답함 속에 불현듯 더해지는 궁금증, '왜 구구단 외우는 소리가 들리지 않지?'
그맘때쯤 소리 내서 구구단을 외우던 옛날 생각이 났기 때문이다. 그런데 뒤늦게 알게 되었다. 이곳엔 구구단을 가르쳐 주지 않을 뿐 아니라, 아예 구구단이 없다는 것을 말이다. 수학적 원리를 스스로 깨우칠 때까지 반복에 반복을 계속할 뿐이다.

1, 2학년 때 그렇게 답답할 정도로 느리게 진행되던 학습 진도는 3학년이 되면 제법 빨라지고 도형, 크기, 측정 분야로 내용이 확대된다. 하지만 1학년 때부터 해온 연산은 숫자의 범위만 커질 뿐 초등학교를 졸업할 때까지 계속하여 반복되며 그 과정을 통해 아이들은 수학의 원리를 천천히 깨우쳐 나갔다.

계산보다는
숫자의 의미부터

초등학교 수학시험은 한 학기에 두 번 치러진다. 시험이 끝나면 채점된 시험지를 집으로 보내어 부모의 확인과정을 거친다. 그 채점된 시험지를 보며 초등학교 수학 문제 형태를 찬찬히 살펴보았다.

한 시간짜리 수학시험에서 학생들이 풀어야 할 문항 수는 35개에서 많으면 40개 정도. 문제 유형은 객관식이 전혀 없는 단답형(60%)과 서술형(40%)으로 구성되어 있다.

점수는 문항마다 차이가 있다. 전체 50~60%를 차지하는 단답형 연산 문제는 2점씩, 나머지 서술형 응용문제는 3점 또는 4점씩. 여기에 보너스 문제가 한 개 더해진다. 눈물이 날 정도로 어렵다고 해서 '크노블라우흐 아우프가베(Knoblauch Aufgabe, 마늘 문제)'라 불리는 이 문제는 풀어도 그만 안 풀어도 그만인, 말 그대로 보너스 문제다. 하지만 만점을 노리는 친구들은 혹시라도 잃을 점수에 대비해 이 기회를 놓치지 않는다.

흥미로운 것은 서술형 문제의 풀이 과정이다. 문제에 해당하는 식과 풀이 과정, 그리고 정답을 적는 것까지는 한국과 동일하다. 하지만 여기서 끝이 아니다. 그 답 즉, 숫자가 갖는 의미를 적어야 한다.

이를테면 이런 식이다. '5명이 10조각의 피자 한 판을 놓고 공평하게 나눈다면 한 명당 몇 조각씩 먹을 수 있나요?'라는 질문이 나오면, 우리 같으면 '10/5=2'로 끝난다. 그런데 이곳에선 숫자 '2'가 갖는 의미의 설명을 요구한다. 즉, '2조각은 5명이 공평하게 나눌 때 한 명당 먹을 수 있는 분량이다.'라고 말이다. 이것을 놓치면 감점이 되어 만점을 얻지 못한다.

이렇듯 수학은 계산 자체가 목적이 아니라, 숫자가 갖는 의미를 읽어내는 것임을 그들은 어릴 때부터 익혀 나간다.

참고서가 왜 필요해?

독일에서 아이를 키우면서 학습 결과에 크게 연연해하지 않았다. 가끔 책가방에서 아이의 노트를 살펴보는 정도? 수업 시간에 무엇을 배우는지, 어떻게 배우는지, 혹시 어려워서 헤매는 내용은 없는지… 딱 그 정도다. 사실 그것은 직업상의 호기심 때문이기도 하다. 독일 초등학교의 교육과정과 교수·학습 방법을 탐색하고 싶었던 것이다.

그 확인과정에서 알게 된 것 하나. 이곳에서는 학교에서 쓰는 교과서(부록인 연습책 포함) 외의 자습서나 참고서가 전혀 필요 없다는 사실이다. 특히 수학과, 국어 교과의 기초는 수업 시간을 통해 충분히 잡힌다. 수업 시간에 충분한 연습이 이뤄지기 때문이다. 해당 교과 내용을 부모가 따로 신경 쓰며 보충할 필요가 전혀 없을 만큼 말이다.

1학년 수학 교과서와 연습책에는 깨알 같은 글씨(A4 크기에 13포인트 정도)로 연습문제가 빼곡히 적혀있고, 그 문제에 대한 학생들의 풀이와 교사의 확인채점이 수업 시간마다 꼼꼼히 이루어진다. 이것으로 부족하다 싶은 부분은 별도의 학습지를 통해 다시 한 번 연습을 하게 한다. 국어도 마찬가지다. 알파벳 A를 시작으로 문장을 읽고 쓰는 모든 과정 하나하나가 학교를 통해 꼼꼼히 이뤄진다. 여기에 매일 30분 정도 소요되는 숙제가 포함되는 것은 물론이다.

교실 안에서 교과서와 학습지를 통해 충분한 연습이 이뤄지고 기초가 제대로 잡힌다는 것을 확인하고 나니, 공교육의 터전인 학교에만 맡겨도 교육 과정에 맞는 학습 목표를 달성할 수 있다는 신뢰감이 생기고 한층 마음이 놓였다.

국어, 수학 같은 과목이 이러할진대, 다른 교과는 말할 것도 없다. 수업과 직접 관련된 자습서 내지는 참고서 같은 것은 아예 구경도 못한다. 거기에는 몇 가지 이유가 있다.
먼저 교과 내용이 교사 재량이다. 각 교과의 성취기준 달성을 위한 교과서와 내용선정이 교사의 몫이다. 그러니 출판사에서 공통분모를 찾아 내용정리 하기가 어려울 수밖에 없다. 거기다 시험문제에 객관식이 없다. 모든 과목시험이 대부분 서술형이다. 중학교에 올라가면 거기에 구두시험이 추가된다. 이것이 문제풀이식 자습서가 필요 없는 또 다른 이유인 셈이다.

결국 이런 교사의 재량권과 시험방식이 참고서 없는 학교 공부를 가능하게 한다.

월반과 낙제 사이

"월반을 축하드립니다."

우리 아이 얘기면 좋겠지만….
리오니(Lionie)라는 큰아이 친구의 이야기다. 리오니 엄마는 아이의 남다른 학구열과 습득력에 혀를 내둘렀다. 리오니는 네 살에 혼자 글을 떼고, 여섯 살에 초등학교에 조기 입학한 소위 타고난 '영재'다. 유치원과 가정에서 전혀 학습을 안 시키는 것이 통례인 이곳에서 네 살에 글을 뗀다는 것은 상당히 흥미로운 일이다.

학교에 입학한 지 한 두어 달 쯤 됐을까? 조기 입학을 했음에도 여전히 리오니에게 수업은 무의미한 시간이었다. 초등학교의 교육 속도는 거북이만큼 느리다는 것은 이미 설명했다. 더구나 알파벳을 익히는 게 전부인 1학년 국어 시간. 이미 글을 줄줄 떼고 있는 리오니에게 그 시간이 어떤 의미일지는 굳이 설명하지 않아도 상상할 수 있는 부분이다. 담임선생님은 결국 아이 부모를 불러 '월반'을 제안했고, 이 제안을 받아들인 리오니는 입학 두어 달 만에 2학년이 됐다. 나 같으면 꽤 자랑스러워하며 동네방네 소문낼 행복한 일이지만 리오니 엄마는 얼마 지나지 않아 아이를 다시 1학년으로 내려 앉혔다. 아이가 2학년 친구들과 잘 어울리지 못한다는 이유가 그것이다. 그리고 숙제의 양이 너무 많다는 것 때문이다.

이 월반제도는 중·고등학교까지 계속 적용된다. 전 과목 평균이 일정수준 이상이면 월반할 수 있다. 학습 능력이 뛰어난 경우 빨리 진급시키는 것이 해당 아이의 학교 적응을 위해 필요하고, 그것이 사회·경제적 낭비를 줄일 수 있다는 생각이 지배적이다. 여기에는 타인과 외부기관에 의한 선행학습과 기계적인 훈련 요소는 일체 배제된다. 그렇게 이곳의 영재는 학교 교육과 수업 현장에서 교사의 관찰과 평가로 조심스럽게 발굴되어 월반제도를 통해 학교 교육에 흡수된다.
훈련과 반복을 통한 맞춤형 영재가 아닌 '타고난 영재'를 발굴하여 존중해 나가는 것이다. 그렇다고 모든 부모가 자녀의 월반 결정을 마냥 환영할까? 그렇지 않다. 이 부분에 신중한 태도를 보인다. 특히 초등학생의 경우 그런 경향이 짙다. 초등학교 3학년 때 영재성이 발견된 또 다른 학부모 역시 월반을 다음과 같은 이유로 거부하였다.

"우리 아이가 남들보다 빨리 가는 것이 오히려 조심스러워요. 자기보다 나이 많은 선배들 속에서 소통하며 건강하게 잘 적응할 수 있을지 걱정입니다. 지적인 부분의 성장도 중요하지만, 그것과 함께 사회성이 좋은 아이로 성장했으면 좋겠어요."

맞는 말이다. 교육의 목표는 성장이다. 지·정·의가 조화를 이룬 건강한 성장 말이다. 아이가 아무리 똑똑해도 사회성이 부족해 행복한 삶을 살지 못한다면 그것이 무슨 의미가 있을까? '남보다 빨리' '남보다 먼저'라는 가치가 이곳에서는 오히려 홀대의 대상이 된다. 월반만 있느냐, 아니다. '낙제'도 함께 존재한다. 기준 미달이면 가차 없이 '낙제'를 면하기 어렵다. 이것은 선택이 아닌 강제사항이다. 능력이 되면 선택적으로 올라가고, 능력이 안 되면 일 년 늦더라도 해당 학년의 내용을 강제로 익히고 가게 한다.

학기 말이 되면, 담임교사는 해당 학생의 학부모에게 학교측의 의견을 전달한다. 아직 어린 나이에 시기를 놓쳐 못 배우고 넘어가는 것보다는, 낙제를 해서라도 배울 것을 정확히 익혀가는 것이 아이의 미래를 위해 낫다고 판단하기 때문이다. 학부모들은 이런 통보를 받으면 당연히 속상하고 마음 편치 않을 일이다. 하지만 상급 학년에서 나타나는 학습 부적응의 위험을 잘 알기에, 그런 권유를 대부분 받아들인다. 간혹 아이가 동급생들 사이에서 받을 상처가 걱정되면 전학을 시켜서라도 한 학년을 다시 다니게 한다.

초등학교 1학년부터 재수라니! 당장은 속상하지만 잘한 선택이었다고 나중에 무릎 칠 수도 있는 일이다.

블록타임제로
'살아있는 지식' 익히기

학교 교육은 단지 교실 안에서만 이뤄지지 않는다. '블록타임제'를 실시하여 교실 밖에서 눈으로 직접 확인하고 실습하는 시간을 함께 갖는다.

'자전거 구조 이해를 바탕으로 자전거 타는 법 익히기'

한 학기 동안 이뤄질 4학년 자연 시간의 학습 목표다. 이 목표의 성취는 블록타임제를 통해 가능했다. 참고로 독일에는 자전거 면허증이란 것이 있다. 이 면허증을 취득해야 아이가 보호자 없이 자전거를 탈 수 있다.

큰아이는 4학년 자연 시간에 자전거 면허증을 취득했다. 이 일을 위해 자전거의 구조, 교통신호, 수신호, 도로 표지판의 내용, 안전장치의 필요성과 착용법, 주행 규칙 등을 교실에서 먼저 배웠다. 그리고는 블록타임제를 이용하여 인근 자전거 면허시험장에서 자전거 타는 법을 꾸준히 익힌 후 면허증을 취득하였다.

블록타임제를 이용한 체험형 수업은 자연 교과에만 그치지 않는다. 사회 시간에 주 의회의 구조와 기능에 대해 배운 후, 의회를 직접 탐방해 시장을 만나거나 의회 회의 진행 과정을 견학한다. 이 과정을 통해 지역 사회의 어른들이 어떤 문제를 놓고 어떻게 고민하고 해결하는지 눈으로 직접 확인하며 미래의 정치 주체로 성장해 나간다.

종교 시간에는 교회나 성당, 모스크를 탐방하여 수업 시간에 배운 내용을 확인하고, 미술 시간에는 전시회 관람을 통해 직접 작품을 감상하거나, 극장을 찾아 공연 준비과정과 리허설 등을 지켜보며 작품이 무대에 오르기까지 어떤 숨은 노력과 과정이 필요한지를 눈으로 확인한다.

아이 둘을 키우면서 해줘야 하고 해주고 싶은 것이 꽤 있었다. 그중 하나가 수영이다. 마침 유치원 근처에 대학 수영장이 있어 시켜볼까 했더니 초등학교에 가면 배운다고, 굳이 그럴 필요 없다고 누군가 귀띔해주었다. 결국 큰아이는 3학년 체육 시간을 통해 수영을 배우게 되었다. 이 역시 주1회 꾸준히 이뤄진 블록타임제 체육수업을 통해가능했다.

'학교에 수영장이 있느냐고?' 없다. 대학교 내 수영장이나 시립 수영장을 이용하고 여기까지는 셔틀버스 등으로 이동한다. 수업은 수준별이다. 이미 수영을 배운 아이들과 그렇지 않은 아이들이 섞여 있기 때문에 평영, 배영, 접영 그리고 다이빙까지 다양한 수업 내용을 수준별로 가르친다.

체육 시간에 배운 수영의 기본기는 4학년 체육 수업 내용인 요트 타기로 이어지면서 활용된다. 아이들은 한 달에 한 번, 바다에 나가 요트 타는 법을 배운다. 전문 요트강사에게 키 조정하는 법과 돛을 감고 내리는 법을 배우고, 2인 1조로 요트를 타고 바다로 나간다.

아이들은 학교 울타리를 벗어나 교과서에서 배운 내용을 현장을 찾아 탐방하며 '살아있는 지식'을 구하고 건강한 삶을 위한 기본기를 블록타임제를 통해 하나둘 다져 나간다.

시네진(Chinesin), 아니거든요!

'한국을 소개합니다.'

큰아이가 4학년 사회 시간에 발표한 주제다.

요즘 한국의 위상은 눈에 띄게 달라졌지만 몇 해 전만 하더라도 독일 사람들은 한국이 어디에 있는지, 또 어떤 나라인지 별 관심이 없었다. 삼성, 현대는 알아도 그것이 한국 기업이라고 연결 짓지 못할정도였다. 어른들이 그럴진대 아이들은 오죽하랴! 아이들은 한국과 중국을 잘 구분하지 못한다. 아시아 하면 중국을 떠올리고 눈 작은 아이들은 모두 중국에서 온 줄로 착각한다.

그래서 아시아계 아이들을 만나면 두 손으로 눈꼬리를 올리며 '시네진'(Chinesin, 중국 여자아이)을 외쳐댄다. 큰아이 역시 그런 경험 탓인지 작심하고 10분짜리 발표 주제로 '한국 소개'를 선택했다. 주제발표를 위해 백과사전과 관련 도서를 열심히 찾아 내용정리를 하였다. 그걸 다시 파워포인트로 만들고, 형성평가도 준비해갔다. 발표순서는 다음과 같다.

1. 주제 선정 이유 밝히기
2. 참고 문헌 소개하기
3. 내용 발표하기
4. 형성평가를 통해 이해도 확인하기

위와 같이 발표를 끝내면 요약내용을 교사에게 제출하고 그 자리에서 교사와 반 아이들을 통해 발표에 대한 평가를 받는다. 이 발표 과정에서 참고 문헌 소개가 눈에 띄었다. 주제발표를 위해 참고한 책을 몽땅 가져가 그 자리에서 보여주어야 한다. 준비 정도를 확인받기 위함이다. 이런 수업 과정에서 아이들은 발표력을 기르는 것뿐만 아니라 자신이 발표한 글의 출처를 밝히는 것을 어릴 때부터 습관화한다. 또한 평가에 참여하여 객관적으로 판단할 기회도 갖는다.

살면서 받았던 '시네진'이라는 오해와 놀림을 결국 수업 시간을 통해 확실히 풀어냈다.

'빼박캔트' 담임의 위엄

큰아이는 원칙주의자다. 느릿느릿하지만 꼼꼼하고, 소심하지만 곧고 바르다. 아주 어릴 적부터 그런 면모를 보였지만, 완전히 굳어진 것은 초등학교 때다. 생애 처음 만난 담임선생님이 딱 그랬다. 담임의 영향이 그렇게 크냐고, 묻는다면 적어도 이곳 초등학교에선 그렇다고 답할 수 있다. 한번 담임은 영원한 담임이니까.

초등학교 담임제의 특징은 담임이 바뀌지 않는다는 점이다. 독일 초등학교 학제는 4년제다. 특별한 상황이 아니면 4년 동안 담임교사가 바뀌지 않는다. 마음 맞는 담임교사를 만나면 4년 내내 꽃길이지만, 그렇지 않으면 가시밭길이 될 수도 있다. 하지만 어떻게 자기 입맛에만 맞추랴! 학부모도 담임교사가 마음에 들지 않을 때, 약간의 뒷말은 있을지언정 대세는 그냥 참고 따라가는 편이다.

큰아이의 담임선생님은 정년을 4년 앞둔 예순 한 살의 여자 선생님이었다. 큰아이가 그녀 교직 생활의 마지막 제자들 중 하나인 셈이다. 처음 담임 배정을 받았을 땐 다행이라고 생각했다. 한국에 계시는 할머니에 대한 그리움을 정년을 앞둔 담임선생님을 통해 조금이나마 채울 수 있으려나 싶었다. 하지만 기대는 얼마 가지 않아 무너졌다. 그녀는 전형적인 독일 스타일로, 엄격한 데다 융통성조차 없었다. 아이는 4년 내내 자기와 비슷한 성향의 선생님 밑에서 예전보다 더한 원칙주의자가 되어갔다.

작은아이는 그 반대다. 원래 성격이 덜렁거리는 데다 약기까지 한, 눈치 9단의 소유자다. 그런데 좋게 말하면 마음이 넓은 데다 융통성도 충만한, 나쁘게 보면 설렁설렁 일처리를 하는 남자 선생님을 만났다. 그러다보니 아이 성격은 좀처럼 고쳐지지 않았다. 사실 이곳 학부모들은 덜렁거리는 교사보다 꼼꼼하고 엄한 선생님을 더 좋아하는 편이다. 그래야 아이들이 학교 생활에 잘 적응하고, 반 학습 분위기가 좋아진다고 생각하기 때문이다.

독일식 고정 담임제가 지닌 단점도 물론 있다. 하지만 아이의 잠재력과 능력을 담임교사가 4년 동안 지속해서 관찰할 수 있다는 면에서는 더할 나위 없이 좋은 제도이다. 오로지 본인 통제 하의 교육 결과물을 토대로 정확한 교육적 평가를 할 수 있기 때문이다. 이러한 지속적인 만남과 관찰, 그리고 평가는 4학년 말에 있는 진학지도를 훨씬 정확하고 안정적으로 이끈다.

졸업식과
수학여행은 반별로

초등학교의 반별 졸업식 풍경도 '올 타임' 담임제도의 또 다른 유산이다.

이곳 초등학교에서는 전교생을 대상으로 한 행사가 별로 없다. 전교생이 모이는 경우는 입학식, 체육대회, 그리고 졸업식 정도이다. 대부분 반별 행사가 주를 이룬다. 그중 반별 졸업식은 학교 일정보다 먼저 치러지고 내용과 의미도 학교 졸업식보다 훨씬 실속 있다. 아마도 4년간 바뀌지 않은 담임교사와 학생, 그리고 학부모, 이 3자 간의 유대감이 돈독해졌기 때문일 것이다.
반별 졸업식은 담임교사의 인사말을 시작으로 아이들이 준비한 프로그램인 댄스, 연극, 합창 등이 부모들이 지켜보는 가운데서 펼쳐진 뒤 학부모 대표의 꽃다발 증정을 끝으로 마무리된다.

행사를 마친 후 학부모들이 준비한 음식으로 조촐한 졸업 축하 파티가 교정에서 이어진다. 두런두런 얘기를 나누다 보면 어느덧 해는 뉘엿뉘엿 지고, 곧 떠난다는 사실을 실감한 아이들은 서로 이메일 등을 주고받으며 섭섭함을 뒤로 한 채 각자 집으로 향한다. 집으로 가는 길에 몇 번씩 뒤를 돌아보며 친구의 이름을 불러도 본다. 그도 그럴 것이 4년간 한 반에서 지지고 볶은 세월이 있으니 정 떼기가 어디 쉬우랴! 그런 아이들을 보며 이별은 누구에게도 쉽지 않음을 절감한다.

졸업식 외에 대표적인 반별 행사가 또 하나 있다면 바로 수학여행이다. 장소는 학년과 반마다 다르며 담임과 보조 교사가 2인 1조가 되어 진행한다.

큰아이는 3학년 때 3박 4일 일정으로 리조트가 있는 스키장으로 수학여행을 떠났다. 그곳에서 스키를 배우며 가벼운 등산도 하고 남는 시간에는 리조트 내 수영장과 스포츠시설을 이용하며 지루함 없이 보냈다. 수학여행 비용은 약 20만 원 정도. 유학생에게는 부담되는 금액이지만 3일 숙박에, 음식 제공과 각종 부대시설 이용, 거기다 독일의 물가를 고려하면 그다지 비싼 편은 아니다. 작은아이도 2학년 때 2박 3일 일정으로 반별 수학여행을 다녀왔다. 장소는 시골 목장. 난생처음 볏단에서 잠을 자고, 말도 타보고, 말에게 빗질도 해주며 시골 정취를 흠뻑 느끼고 돌아왔다.

어리면 어린 대로, 크면 큰 대로 수준에 맞게 진행된 반별 수학여행은 아이들에게 또 하나의 소중한 추억이 되었다.

당근으로
성교육을?

"엄마! 학교 가기 싫어요!!"

어느 날, 큰아이가 고개도 들지 못한 채 외쳤다. 활달한 성격에 교우관계가 좋았던 아이라 학교생활에 대해 조금도 걱정을 안 했는데. 이런 갑작스런 외침에 가슴이 철렁 내려앉았다.

'이것이 이유 없는 방황과 질풍노도 시기의 사춘기인가?'

원인은 전혀 예상치 못한 곳에 있었다. 바로 수업 시간에 이루어진 성교육 때문이다. 이곳에서는 초등학교 3학년 때부터 매주 한 시간씩 성교육이 이뤄진다. 그런데 그 수위가 상당하다. 담임교사가 당근에 콘돔을 끼우면서 콘돔 사용의 필요성과 사용법을 일일이 설명해 줄 정도니까.

선생님의 친절하기 그지없는 성교육은 거기서 그치지 않았다. 성에 대한 궁금증을 하나씩 적어오라고 숙제를 내주고, 아이가 적어온 질문을 토대로 부부관계가 무엇인지, 아이는 어떻게 생기고,

어떻게 낳는지 친절하게 설명해 준다. 본인의 경험담까지 곁들이는 수고로움까지 더해서 아주 구체적으로 말이다.

그 일이 있은 후, 본격적인 성교육에 돌입하였다. 먼저 사춘기의 특징과 관심을 잘 다룬 책을 하나 공동 구매하도록 했다. 그 책을 수업교재 삼아 두 달가량 함께 읽어가며 사춘기의 의미와 특징, 자기 몸의 중요성 그리고 바람직한 남녀 관계를 배워갔다.

이런 교육을 '오버스럽다'고 말하긴 힘들다. 거기에는 몇 가지 이유가 있다. 먼저 아이들의 신체발육이 남다르다. 초등학교 3학년 때부터 가슴이 나오기 시작하고, 4학년 때 초경을 하는 아이가 많다. 더 현실적인 이유도 있다. 바로 주변 환경이다. 그들의 생활 주변에서는 성적 호기심을 자극하는 장면이 자주, 그리고 쉽게 목격되기 때문이다. 독일 대부분의 초등학교는 실업계 중·고등학교와 건물이 맞붙어 있다. 넓은 운동장과 체육관을 함께 활용한다는 면에서는 실용적이지만, 교육상 부정적인 면도 꽤 있다. 학교 곳곳에서 중·고등학생들이 보여주는 애정행각을 쉽사리 마주할 수 있다는 점이다. 이런 모습이 어린 초등학생들 눈에는 다소 민감하게 비칠 수 있기에 성교육 시기도 빠르고, 교육내용도 과감할 필요가 있는 것이다.

이와 같은 현실적 이유 말고도 독일 성교육에서 기본적으로 중시하는 원칙이 있다. 바로 윤리적 판단금지이다. 성(性)은 좋고 싫고의 느낌과 감정의 문제이지, 옳고 그름의 판단 문제가 아니라는 점이다. 나아가 성은 자기애의 출발점이자, 생명과 인권과 연결된

문제이기 때문에 이 부분에 대해 어릴 때부터 강한 책임감을 길러주려고 노력한다. 아울러 성교육을 통해 성적 자기 결정권이 있음을 어릴 때부터 철저히 가르쳐서 자기 의사에 반한 성폭력과 성희롱으로부터 자신을 보호할 수 있도록 하는 것이다.

이렇듯 개방적이고 과감한 성교육을 통해 아이들은 건강한 자기애를 가지고 타인을 존중하며 사회적 정의에 대해 고민하는 미래의 주역으로 성장해 나간다.

남녀문제는
자신들의 몫

초말 나온 김에, 독일 청소년들의 성문화를 조금 더 이야기해보자. 독일 학생들은 어느 정도 크면 동거에 들어가는 경우가 흔하다. '어느 정도'의 시기를 고등학교 때 정도로 이해해도 무방하다.

한 가정에서 가사 도우미로 일할 때다. 일하던 집의 딸아이 방을 청소하러 들어가려다 그만 '헐~' 당황한 적이 있었다. 야시시한 잠옷 차림의 그녀와 함께 트렁크 팬티 차림의 남자친구가 한 방에서 나서는 것이 아닌가! 당황하고, 놀라고, 민망해하는 것은 나뿐이고, 정작 당사자들은 아무런 부끄러움도, 당황함도 없었다.
얼마 후 그 둘은 지하에 신방을 차리고 동거에 들어갔다. 그런 청소년의 개방된 성문화도 충격이지만, 쉽게 서로의 성적 만족을 채우도록 허락하는 부모의 태도는 더더욱 이해하기 어려웠다. 자녀가 아직 고등학생인데도 말이다.

청소년이 이 정도라면, 대학생들은?
'방금 샤워를 마친 여대생이 보무당당하게 복도를 활보한다. 젖은

머리에 달랑 수건 한 장 걸친 모습으로 말이다. 어떤 시선도, 눈치도 살피지 않는 것이 영락없이 자기 집 안방에서의 몸짓이다.' 그런 그녀가 마주치는 사람들은 가족이 아니다. 또래 대학생들이다. 중국에서 온 왕(王) 군도 있고, 이집트 유학생 모제스(Moses)도 있고, 폴란드 출신 필립(Filip)도 있다. 대학 기숙사에서 겪는 황당한 모습이다. 이런 자연스러운(?) 모습과 황당함은 대학 기숙사의 일반적인 모습이다. 남녀구분 없이 어우러져 사는 기숙사 문화에 충격을 받는 건 갓 도착한 유학생들뿐이다.

독일에서는 대학 기숙사 배치에 남녀구분이 없다. 여학생 동과 남학생 동의 구분이 따로 없고 같은 건물 안의 방 배치 때도 성별 구분을 하지 않는다. 달랑 세 명이 사는 쉐어하우스도 마찬가지다. 고등학교를 마치면 완전한 성인이라는 인식이 강해서이다. 다 큰 어른들을 두고, 성별을 구분해 방을 배치하는 것이 그들 눈엔 어쩌면 유치하게 보일지도 모른다. 다른 나라의 문화를 이러쿵저러쿵 비판할 마음은 없다. 그들 보기엔 우리가 너무 보수적일 수 있으니 말이다. 사실 성에 대해 자유분방한 문화는 사회 전반 곳곳에서 쉽게 찾아볼 수 있다. 실제로 해변에 가면 탈의실이 따로 없다. 어른이고 아이고 할 것 없이 아무 데서나 훌러덩 옷을 벗고 수영복을 갈아입는다. 눈을 어디에 두어야 할지 모르는 것은 우리 쪽 사정일 뿐. 독일에서 남녀문제는 온전히 그들 몫인 셈이다.

격무에 시달리는
교장선생님

'민수의 시선은 오늘도 여전히 운동장을 향해 있다.'
'수업 시간에 선생님과 눈 한번 마주치지 않고, 열심히 야구 경기에 빠져 있는 민수.'

남자 중학교에 근무하던 시절, 수업 중 자주 연출된 상황이다. 분명 내 수업 시간인데, 아이들은 운동장에서 이뤄지는 체육 수업 또는 운동부 친구들의 연습에 빠져든다. 그들은 관중석에 앉아 있는 관람객처럼 두 주먹을 불끈 쥐기도 하고 소리 없이 환호하기도 한다. 이러한 수업 시간의 환호성과 참여가 이곳 수업 시간에는 없다. 그것은 바로 학교 건물 구조 때문이다. 교실, 운동장 할 것 없이 학교 시설에 아이들의 집중력을 최대한 고려하고자 하는 그들만의 마인드가 녹아 있다.

구체적으로 묘사하면, 복도 쪽에 있는 교실은 유리창 하나 없는 통벽으로 되어 있다. 외부에서 수업 진행을 전혀 엿볼 수 없다. 교실로 드나드는 문은 하나뿐인데, 문을 열면 다른 반과 통 벽을 치고 있는 작은 복도가 또 하나 있다. 이 복도를 따라 들어가면 비로소 교실

문이 나온다. 이런 구조 덕분에 다른 반의 아이들이 쉽게 들어오지 못하고 외부인에 의해 수업을 방해받는 일이 발생하지 않는다.

운동장 시설 역시 마찬가지다. 교실과 상당한 거리를 두고 있어 다른 수업에 참여하는 학생들의 집중력을 뺏는 일이 없다. 학교 시설 중 압권은 체육관이다. 지하 1층을 포함하고 있는 데다 지하시설에는 칸막이 설치가 되어 있어 여러 반이 동 시간대에 실내수업을 해도 무난히 소화할 수 있다. 해가 쨍쨍 찌는 더운 여름이나 비바람과 눈보라가 치는 겨울에 액티브한 체육 수업을 할 수 있는 것도 바로 이 시설 덕분이다.

학교에는 따로 행정실이 없다. 웬만한 일 처리는 교장선생님과 비서가 처리한다. 공문을 통한 요구사항이 그리 많지 않기 때문에 가능한 일이기도 하다. 교장선생님은 근엄하게 교장실만을 지키지 않는다. 학생과 학부모들의 상담, 입학생의 면접업무, 학생지도, 학생 분쟁 조정까지도 교장선생님의 몫이다. 교사들이 수업에만 전념할 수 있도록 교사들의 잡무를 없앤 대신, 교장은 격무에 시달리는 셈이다.

이러한 현실은 결국 교장직 기피 현상으로 이어지기도 한다. 어쨌든 그들은 교장실만 지키는 권위적인 모습보다는 학교와 교사들을 돕기 위해 노력하는 조력자의 역할에 충실하다. 교장은 동료 교사들이 직접 선출한다. 한 학교에서 거의 한평생 근무하는 것이 보편화되어 있는 이곳 교직 문화를 고려하면 교사에 의해 선출된 교장이야말로 제대로 검증된 능력자가 아닐까 싶다.

아이들이 다녔던 초등학교는 학급당 정원 25명에 학년당 3개 반으로 총 250명의 학생이 함께 생활했다. 교사 정원이 총 15명인데, 그중 남자 교사는 단 한 명뿐. 사회 전반에 양성평등 의식이 고루 확산되어 있고, 여자들도 기골이 장대하여 일에 있어 남녀구분이 없어 보여도 학교에 여교사 쏠림현상은 이곳도 한국과 비슷한 듯하다. 교육부도 이 문제를 놓고 나름 골치를 앓는 분위기이다. 교사 역할에 남녀 구분이 따로 없겠으나, 여교사 쏠림현상으로 남학생들이 겪는 학교생활의 고민과 문제해결, 그리고 그들의 학습동기부여 측면에 어느 정도 한계가 있음을 그들 역시 인정하고 고민하고 있다.

불편을 가르치는 나라

새 학년, 새 교복, 새 신발, 새 필통, 새 친구, 그리고… 헌 교과서.
새 학년 진급에 헌 교과서가 웬 말인가?

큰아이의 입학식을 치르고 집에 돌아와 아이 책가방을 열어보니 찾던 게 없다. 바로 교과서가 없었던 것이다. 물어보니 교과서를 내일부터 학교에서 빌려준단다.
이튿날, 교과서를 차례대로 나눠주고 교과서 겉장에 붙여진 책표지 위에 받은 날짜와 학생 이름을 쓰란다. 그리고는 담임교사의 일장 연설이 시작된다.

"교과서는 학교의 것입니다. 나중에 후배들에게 물려주어야 하니 깨끗하게 사용하기 바랍니다."

낡디낡은 교과서를 나눠준 것도 모자라 깨끗이 쓰라는 쐐기까지 박다니. 아이들은 새 책가방에 헌 교과서를 주섬주섬 집어넣으며 담임교사의 설명에 연신 고개를 끄덕인다. 이곳에서 사용하는 교과서는 모두 무상 대여다. 물론 구입을 원하면 살 수도 있다.

하지만 대체로 대여를 해서 쓰고 학년이 끝나면 학교에 반납하여 후배들에게 대물림한다.

낡은 교과서지만 꼭 지켜야 할 것들이 있다.

먼저, 밑줄을 그어선 안 된다. 여백에 낙서해도 안 되며 책장을 접는 것 또한 금지다. 어기면 벌금을 내야 한다. 아예 잃어버리면 도로 사내야 한다. 봐주는 건 기대할 수조차 없다. 이런 노력과 경험이 불필요한 자원 낭비를 막는다고 가르치고 아이들은 어릴 때부터 그 불편함을 몸으로 체득하며 배운다.

선배로부터 물려받은 교과서를 다시 후배에게 물려주는 것. 그 일을 위해 지킬 것을 철저히 지키기 위해 불편함을 참아 내는 노력. 그런 교육과 실천으로 한 권의 교과서가 손에 손을 거쳐 10년 이상 대물림되기도 한다. 이런 불편한 대물림은 고등학생 때까지 계속된다.

일찍부터 배운 이런 교육이 의식이 되고 습관이 되어 독일인의 삶을 특징짓고 있다. 이런 노력은 교과서에서 끝나지 않는다. 노트도 재활용을 쓰게 한다. 재생노트를 사용해야 하는 이유를 어릴 때부터 배우고 익히며 종이 한 장 허투루 쓰지 않는 습관을 갖게 한다.

벼룩시장 역시 이곳의 일상적 풍경이다. 어릴 때부터 집에서 쓰던 자기 물건을 정리해 부모와 함께 벼룩시장에 참여한다. 아끼던 물건, 손때 묻은 물건, 자기에게 더는 필요 없으나 누군가에게 쓸만한 가치가 남아 있다고 생각하는 물건을 시장에 내놓는다. 아이들에게 가치 없는 물건이 금전적 가치와 더불어 (누군가에게)또 다른 가치를 만들어 내는 것을 몸으로 배우는 순간이다.

물건을 선별하는 것부터 물건의 진열, 흥정, 그리고 판매까지의 경험은 아이들에게 경제적 가치의 의미를 넘어 미래를 건강하게 가꾸며 살아갈 수 있는 주체로서의 역량을 키우는 기회가 된다.
남이 쓰던 물건을, 또 누군가 쓸 사람을 생각하며 소중하게 여기며 사용하는 것, 그것을 당연히 여기고 개의치 않는 것, 쓰던 물건에 또 다른 주인을 찾아주는 것, 경제 대국인 독일에서는 지극히 당연하고 익숙한 일상이다.

1학년에서 4학년까지의 전 학년에서 받아쓰기와 짧은 글 베껴쓰기는
빠지지 않는 수업 내용 중 하나이자 숙제이다. 그 과정에서 학생들의 글은
매시간 교정되고 숙제 검사를 통해 끊임없이 바로 잡아진다.
고학년이 되면 학년 수준에 맞는 글쓰기가 과목마다 활용되며 학생들은
자신이 적은 내용을 친구들 앞에서 발표하고, 친구들은 그 내용을 들으며
상상의 폭을 넓히고 자신이 쓴 결과물과 비교하며
이해와 사고의 폭을 넓혀간다.

3장

성적은 있고
석차는 없다

초등 4학년,
선 긋기의 시작점

'기다려준다. 기다려도 안 되면, 생긴 대로 살게 한다.'

이렇듯 빠른 인정(?)은 초등학교 때 끝나는 선 긋기 때문이다.

초등학교 졸업반인 4학년 1학기까지의 성적에 따라 인문계 중학교와 실업계 중학교의 진학 여부가 결정된다. 담임교사는 학생의 성적을 고려하여 인문·실업계 중학교 중 하나를 추천하고, 거기에 추가로 부모의 의견을 반영하여 중학교의 계열별 진학 여부를 결정한다.

큰아이가 다니던 초등학교의 경우 4학년 1학기까지의 평균이 2.5 이상, 우리로 치면 약 85점 이상이면 인문계열 중학교 진학을, 이 성적에 못 미치면 실업계열 중학교 진학을 권유하였다. 성적이 안 되는데 굳이 자녀를 인문계 중학교에 보내겠다고 하면 막지는 않는다. 그렇지만 아이의 정서적 발달을 고려하여 만류하는 것이 보통이다. 아이가 그곳에서 더 큰 좌절을 맛볼 수 있기 때문이다.
이른 선 긋기는 낮은 인문계 진학률로 이어진다. 큰아이 반의 경우

25명 중 7명 남짓. 거기에 부모 의지로 3명이 더 추가되어 총 10명(약 40% 정도)의 학생이 인문계열 중학교에 입학하였다. 이런 조기 결정이 다소 섣부르다는 느낌도 든다. 인문계열 진학 여부가 6년제 종합대학(Universität) 입학을 결정하기 때문이다. 하지만 구제의 기회도 있다. 실업계에서 성적이 탁월하면 인문계열 학교로 전학할 수 있다. 뒤늦게 학업에 발동이 걸린 학생이나, 초등학교 때 미처 발굴하지 못한 인재에게 희망을 주기 위함이다.

반면 인문계열 중학교에서 2년간 연거푸 낙제하면 실업계로 강제전학을 당한다. 이것은 하나의 경고이자 사전예고인 셈이다. 성적이 기준치에 미치지 못함에도 불구하고 무리하게 인문계열에 진학시켰을 경우 아이에게 닥칠 위험과 아이가 받을 상처에 대해서 말이다.

독일 교육은 이러한 시스템과 호환 기능을 통해 조기 진로 지도에 대한 오류를 수정해 나간다. 담임교사의 추천에 따라 부모들은 관심 있는 학교의 설명회에 참석하여 학교 분위기를 파악한 후 원하는 중학교에 원서를 넣는다. 해당 학교에서는 거주지를 최우선 순으로 입학 여부를 결정해 통보해 준다.

이곳 인문계열 학교 수준은 비슷하다. 그러나 학교마다 특성화되어있어 신중한 선택이 필요하다. 예를 들어, 어떤 학교는 라틴어를, 또 어떤 학교는 자연계열 과목을 비중 있게 가르친다. 만약 자녀가 의대 진학을 꿈꾼다면, 라틴어를 가르치는 학교로 보내는 것이 낫고, 이과 계열 공부를 원하면 당연히 이과 과목 비중이 큰 학교로 보내는 것이 유리하다. 부모들이 중학교 선택부터 자녀의 흥미와 적성, 그리고 장래 희망 등을 면밀히 고려하는 이유가 여기에 있다.

공부의 기본은
글쓰기부터

소싯적, 노트에 글 몇 줄 써보지 않은 사람은 없을 것이다. 일기부터 연애편지까지.

주변을 돌아봐도 그런 글쓰기가 습관화된 경우는 흔치 않다. 생각을 정리하는 것이 왜 이리 어렵고 부담스러운지. 그러나 독일에서의 글쓰기는 자연스러운 일상이다. 이러한 차이는 어디서 오는 걸까?

학교 교육 현장에서 그 답을 찾을 수 있다. 독일 학교 교육과정에서 중요하게 다루는 부분 중 하나는 글쓰기다. 대부분의 교과목에서 글쓰기가 차지하는 비중은 높다.

알파벳조차 모른 채 입학한 아이들을, 문법에 맞게 글을 쓸 수 있도록 철저히 훈련하는 것은 초등 국어 수업의 목표이자 글쓰기의 필수 전제 조건이다. 이를 위해 1학년에서는 정확하게 철자를 익히도록 훈련한다. 가령, 알파벳의 인쇄체와 필기체를 익힌 후 2학년에 올라가면 명사의 성 구분, 형용사, 부사, 전치사를,

3학년에서는 2학년 내용에 문장 성분, 띄어쓰기 등을 추가하고, 4학년에선 3학년 내용을 다시 한 번 업그레이드시키되, 접속사, 문법 등을 추가하여 가르친다.

초등 1학년에서 4학년까지의 전 학년에서 받아쓰기와 짧은 글 베껴쓰기는 빠지지 않는 수업 내용 중의 하나이자 숙제이다. 그 과정에서 학생들의 글은 매시간 교정되고 숙제 검사를 통해 끊임없이 바로 잡아진다.
고학년이 되면 학년 수준에 맞는 글쓰기가 과목마다 활용되며 학생들은 자신이 적은 내용을 친구들 앞에서 발표하고, 친구들은 그 내용을 들으며 상상의 폭을 넓히고 자신이 쓴 결과물과 비교하며 이해와 사고의 폭을 넓혀간다.

글쓰기는 독서 활동을 통해서도 한 단계 업그레이드 된다. 국어 시간에 학년 수준에 맞는 책을 선정하여 수업 시간에 읽어 나가며 독서록을 작성하고 발표한다. 그 과정에서 읽기, 말하기, 쓰기, 듣기 능력을 향상해 나간다. 그리고 중학생이 되면 제시문의 내용을 요약하는 활동이 많아진다. 중학교 저학년 때는 핵심 내용 파악이 주를 이룬다. 지문 속에서 고급단어와 어휘를 익히고 지문의 질문에 대한 답을 글로 쓰며 논리력과 자기 표현력을 기른다. 고학년이 되면 제시문의 난이도가 높아지고, 수업 시간에 배운 주제에 대한 심화 학습, 주어진 주제에 대한 에세이 쓰기 등의 과제가 부여 된다. 읽어야 할 책도, 숙제도 많아진다. 그 과정에서 글쓰기가 자연스럽게 몸에 배게 된다.

글쓰기가 습관화되는 데에는 평가방식도 한몫 한다. 정답을 찾는 객관식 시험 형태가 없는 데다 서답형 또는 논술형 시험이 거의 대부분이기 때문이다.

이러한 활동과 평가는 수업 방식과도 무관하지 않다. 강의식보다는 토의와 토론 수업이 많은 것도 이런 이유에서다. 교사는 주제를 정하고 그에 맞는 수업을 디자인하여 학생들이 '자신만의 답'을 고민할 시간과 타인의 의견을 듣고 '자신의 주장'을 글과 말로 표현할 기회를 주기 위해 노력한다.

어릴 때부터의 쓰기 훈련과 평가방식, 그리고 학생 중심의 수업 형태가 결국 글쓰기에 대한 거부감을 줄이고 사고를 구조화하여 깊이 있는 표현을 가능하게 만드는 것이다.

사료 찾는 즐거움의
역사 수업

"엄마, 독일 한 번만 보내주세요."

한국에 돌아와서 첫 번째 맞은 크리스마스, 금방이라도 울 것 같은 표정으로 작은아이가 소원 카드를 내민다. 이듬해 크리스마스에도 똑같은 소원을 빌며 엄마를 당황케 한다. 아이들 적응 문제로 정신없는 엄마에게 또 하나의 숙제를 던진 셈이다.

돌쟁이 때 떠나 초등학생이 되어 돌아온 작은아이에게 한국은 낯설기만 했다. 안쓰러운 마음에, 그리고 독일어를 금방 까먹지 않을까 싶은 노파심에 시급한 '적응 문제'를 접고 독일행을 강행했다.

방학 기간이 한국과 맞지 않은 탓에 아이들은 독일 친구들이 다니는 중학교에 함께 다녔다. 물론 미리 학교에 양해를 구해 놓았다. 배운 것이 도둑질이라고 그 참에 나 역시 학교 수업 참관 기회를 얻었다.

'비스마르크와 독일 통일'
리카르드후흐 김나지움(Ricard-Huch-Schule, Gymnasium)의 9학년 역사

수업 주제다. 선생님은 몇 주간 다룰 학습주제를 칠판에 적은 후, 관련 자료를 나눠 주며 수업을 시작했다. 선생님의 수업 계획과 주제에 대한 개괄적 설명이 이어진 뒤, 학생들의 조별 활동이 시작됐다. 수업 중간중간 모르는 내용이 있거나, 해결하기 어려운 문제가 생기면 그때마다 손을 들어 질문하며 조별 탐구 방향과 활동 계획을 구체화했다. 수업 종이 울릴 때쯤, 탐구주제를 정하고 각자의 역할을 분담하는 것으로 수업은 마무리되었다.

수업에서 크게 요란한 것도, 다양한 것도 없었다. 수업 중 선생님의 역할은 적었고, 학생들의 참여와 활동이 주인, 그야말로 학생 중심 수업이었다.

수업이 끝난 후 선생님은 본인 수업 철학을 이렇게 설명해 주었다.

"역사 교과의 특성상 지식전달이 중요할 것 같지만, 학생들 스스로 자료를 찾으며 궁금증을 해결하는 것이 중요합니다. 주어진 주제를 해결하는 과정에서 관련된 사료를 직접 찾고 발견하는 기쁨을 누릴 수 있지요. 교사의 역할은 학습주제를 이해하기 위해 필요한 소주제를 설정해 주고 기본적인 자료를 제공하는 선까지며, 찾은 자료와 정리된 스토리를 가지고 발표와 토의를 거쳐 사건을 주체적으로 이해하는 것은 학생 몫입니다."

교사로서 늘 고민하던 부분이다. 내용전달에 목적을 둘 것인지, 자기주도적인 학습 자세를 갖추게 할 것인지, 꼭 그 중간에서의 갈등 말이다.

교육환경과 사회적 분위기가 달라 서로 색깔맞춤을 할 순 없지만 그래도 교육은 '사고의 힘을 키우는 것'이라는 교육 철학을 되뇌며 배움의 주체인 학생을 능동적으로 참여시키는 교육 방법을 눈으로 확인하는 계기가 되었다.

사실 동·서양을 막론하고 교사의 역할은 학생들에게 다양한 현상을 주체적으로 이해하도록 판을 깔아 주는 것, 그래서 사고의 근육을 키우도록 도와주는 것이다. 그런데 현실을 고려하면 그리 간단한 문제가 아니다. 대학에 들어가기 위해 요구하는 학습량이 너무 많다는 것과. 대학 간의 서열화로 인한 입시과열로 엄격하고 난이도 높은 잣대를 세워야 하기 때문이다. 이러한 상황에서 학생 중심의 수업과 학습의 주체성과 사고력을 향상시키는 수업을 교실 현장에서 구현하기는 역부족이다. 교육환경과 사회적 분위기가 달라 이를 다 수용하기는 어렵지만 교육은 그래도 '사고의 힘을 키우는 것'이라는 교육 철학을 되뇌며 배움의 주체가 학생이 되는 수업이 무엇인지를 다시금 되새기는 참관수업이었다.

성적은 있고
석차는 없다

"잘했네. 근데, 한나는 몇 점이야?"

큰아이가 채점이 끝난 시험지를 들고 왔을 때 그 결과를 보고 조심스럽게, 그리고 제법 교양 있는 어투로 물어본다.
한나 쉬튜어! 큰아이의 유치원 동기이자 반 친구이며, 라이벌이다. 아이의 성적이 나오면 내심 한나의 성적도 함께 궁금했다. 너무 들이대면 엄마를 속물로 볼까 봐 넌지시 돌려서 묻곤 했다.
초등학교에서의 시험 횟수는 학기당 정규 시험 2~3회, 쪽지 시험 2회 정도이다. 여기에 발표와 수업 참여도, 그리고 숙제까지를 종합하여 성적을 매긴다.

'공지! 1회고사 시험기간 : 20**년. 5월 2일 ~ 5월 4일'

위와 같은 별도의 시험 기간도 교육 과정에 없다. '시험을 도대체 언제 보는 거야?' 하고 궁금해 할 즈음에 과목별 성적 결과를 간헐적으로 한 장씩 들고 오는 게 고작이다. 물론 아이들에게는

"일주일 뒤에 국어 시험을 봅니다." 뭐, 이 정도는 알려준다.
시험은 해당 교과 수업 시간에 치러지고 하루에 한 과목 이상은 보지 않는다. 그러다 보면 2~3주 시험 분위기가 이어져 고학년이 되면 이것으로 스트레스를 받기도 한다.

시험을 치른 후, 부모가 목을 빼고 기다리는 것은 아이의 성적표다. 하지만 기다리던 성적표에는 성적은 있지만 나의 주 관심사인 석차 또는 등수는 없다. 대신 1점에서 5점까지의 숫자만 표시되어 있을 뿐이다. 우리로 치면 1점은 수, 2점은 우, 3점은 미를 뜻한다. 보통 3점까지 받아오면 잘했다고 여긴다. 하지만 1학년부터 2학년까지는 아예 이런 결과조차 표시하지 않고 성취기준 달성 여부만 성적표에 담아 보낸다.
시험 결과는 아이들 간의 비교를 위한 것이 아닌, 교과의 이해 정도를 확인하기 위한 수단이라는 것을 확실히 보여준다. 그래서 아이들은 친구를 경쟁자로 의식할 일도, 경쟁으로 인해 스트레스를 받을 일 또한 없다. 단지 이런 문화에 익숙하지 않은 한국 엄마만 답답할 뿐이다.

누가 한국 엄마 아니랄까. 그럼에도 나는 결과가 나오면 '다른 친구는?', 이 물음이 꼭 나왔고, 그것으로 반에서 아이의 석차를 가늠하는 버릇을 버리지 못했다.

반 모임에
웬 경찰관?

'학부모 모임 : 0월 00일 20:00'
'학부모 모임?, 이 늦은 시각에?'
독일 교사들은 부모와의 소통을 중시한다. 대표적인 것이 반별 학부모 모임이다. 학기별 최소 한 번 정도 반 모임을 개최한다. 반 모임은 학부모들 퇴근 시간과 아이들의 취침 시간을 고려해서 저녁 8시부터 10시까지 진행한다. 특별한 경우를 제외하고는 학부모 전원이 참여한다. 담임교사는 학기 초에 학급 운영 계획을 안내하고, 학년이 끝나면 진행 과정과 결과를 보고한다. 학기 초엔 교과 선생님들도 참여하여 한 학기 교과별 수업목표를 설명하고 학부모들에게 부탁하고 싶은 점들을 전달한다.

학급 운영 성과물이나 프로젝트 수업의 결과물이 이 시간에 공개되어 부모들은 자녀들의 학업성취 정도를 대략 파악할 수 있다. 또한 수학여행이나 요트 타기 등과 같은 특별활동은 학교에서 제작한 동영상을 통해 이 시간에 공개되기도 하며 교과 시간에 이뤄진 결과물인 연극 상연도 이 시간을 통해 이뤄진다. 학부모들은 자녀들의 학교생활과 학습의 진행 과정을 이 시간을 통해 확인하며 공교육에 대한 신뢰감을 쌓아간다.

학부모 모임엔 경찰관도 등장한다. 이 시간을 통해 그들이 학교에서 어떤 역할을 하며 어떻게 돕는지, 아이들의 폭력 문제에 대해 어떤 대처가 필요한지 설명한다. 경찰관이 학생들을 직접 찾아가기도 한다. 학기 초 전반을 돌며 아이들에게 교통 및 안전교육을 실시하고, 폭력 사안의 내용과 대처방안을 교육한다.

학교 내 폭력 문제는 예나 지금이나 어디든 마찬가지다. 이곳에선 학교에서 폭력 문제가 발생하면 단호하게 대처한다. 먼저 해당 부모들을 불러 중재한다. 하지만 폭력성이 심하면 해당 학생을 특별대상으로 분류하여 교육과 함께 치료를 받게 한다. 폭력적 성향이 어디서 왔는지를 진단해서 그것이 개인의 문제인지, 아니면 가정에서 비롯된 것인지 함께 고민하며 문제를 풀어간다.

큰아이 반에 그런 성향이 강한 남학생이 있었다. 반 친구들을 괴롭히고, 심지어는 담임 선생님에게도 덤비는 행동을 보였다. 결국, 그 아이는 치료를 받고, 한 학년 유급을 당했다. 그러고도 행동 변화가 없자 치유를 전문으로 하는 교정학교로 보내졌다.

어릴 때부터 폭력 문제에 대한 교육을 통해 아이들은 조직안에서 법의 필요성과 법의 엄중함을 깨우쳐 나간다. 이런 만남과 소통은 학생들에겐 안전하게 다닐 수 있는 학교로, 학부모들에겐 안심하고 보낼 수 있는 학교라는 인식을 만들어 주는 징검다리 역할을 하고 있다.

독일에서의 대학 진학

독일 아이들은 재능과 소질을 다소 일찍부터 찾아 나선다. 초등학교 4학년에서 선 긋기를 끝낸 후, 실업계열 학교에 다니는 60~70%의 학생들은 졸업 후 취업을 목표로 이론과 실습을 병행하며 해당 기술을 익히고, 인문계열 학교에 다니는 30~40%의 학생들은 대학교육에 필요한 인문학적 소양을 학교에서 차곡차곡 쌓는다. 이 과정에서 부모들은 자녀가 본인의 적성과 타고난 소질을 찾도록 지켜보며 격려한다. 사회적 시스템도 그런 학생들의 탐색 활동을 지지한다.

김나지움 저학년 때에는 1년에 하루 정도 직업 탐색을 목적으로 대학탐방 또는 관심 있는 일터를 찾도록 돕는다. 학교와 일터는 그런 학생들을 맞을 준비를 하고 그들의 호기심을 채우도록 돕는다. 학생들은 방문한 곳에서 일과 배움의 과정을 지켜보며 자신의 적성을 고민해 본다.

김나지움 고학년에서는 진로 탐색을 목적으로 1년을 휴학할 수 있다. 이 기간을 이용해 어학연수를 떠날 수 있고, 직업체험을 할 수 있으며, 대학의 관심 있는 학과 강의를 직접 들을 수도 있다. 또한 아비투어(Abitur, 고등학교 졸업시험 및 대학입학시험)를 마치고 '자발적 사회봉사의 해(Freiwilliges soziales Jahr 프라이빌리히 조찌알레 야)'를 가질 수도 있다. 자발적 사회봉사란 16세부터 27세까지의 청년이 6~18개월 동안 사회봉사기관이나 단체에서 도우미로 일하며 직업의 세계를 경험하는 과정이다. 이런 시도와 노력은 중·고등학생들이 대학입시 부담을 상대적으로 적게 안고 생활하기에 가능하다. 대학의 평준화가 그런 과열을 부추기지 않는 것이 가장 큰 이유이고, 대학에서도 표준화된 교육의 양을 요구하지 않기 때문이기도 하다.

그렇다면 대학입학은 어떻게 결정할까? 그것은 학교마다 산출하는 내신(70%)과 아비투어시험(30%, Abitur, 졸업시험 및 대학입학자격시험)의 합으로 결정한다. 최종 성적에서 내신의 비중이 높은 것이 학교 교육과정의 효율적 운영을 가능케 하는 데 일조하고 있는 셈이다.

여기서 내신은 한국으로 치면 고2, 고3 때의 학교 성적을 말하며 아비투어 시험은 고3 때 치르는 졸업시험을 말한다. 시험과목은 고등학교 내신반영 9개 교과 중 4개를 선택하여 치르되, 국어, 외국어, 수학 중 두 개 과목을 고르고 나머지 두 과목은 심화 과정 과목에서 학생이 선택할 수 있다. 시험형식은 3개 교과에 대한 필기시험과 1개 교과에 대한 구두시험이다. 여기서 재미난 사실이 눈에 띈다. 시험 과목에 영어, 수학과 동등하게 체육, 음악, 미술 중 하나를 선택할 수 있다는 점이다. 특정 교과목 특히, 예체능 교과의 홀대 없이 전인적 교육 실현을 위한 노력이 시험과목의 짜임새에서 반영되고 있음을 알 수 있다. 그런데 아쉽게도 최근 학생선발 시

주요 과목(국어, 수학, 영어, 제2외국어)에 가산점을 주는 경향이 짙어 이상과 현실 사이의 간극 또한 이곳에서도 확인할 수 있다.

시험은 보통 하루에 한 과목씩, 4~5시간에 걸쳐 치러지며 시험형식은 논술과 구두시험이다. 구술시험은 발표형식으로 치를 수도 있다. 필기시험은 짧으면 2주, 길면 4주간 치러진다. 구두시험까지 모두 끝나는 데는 평균 2개월이 걸린다.

학교에서 치른 이 시험(아비투어와 내신) 결과를 가지고 대학과 전공을 선택한다. 물론 대학에도 '인기학과'(Numerus-Clausus-Fächer)가 있다. 주로 법학, 의학, 수의학, 건축, 생명공학 등이 이에 해당하며, 입학정원에 제한을 두다 보니 '인기학과'의 경쟁률은 다른 과에 비해 치열한 편이다. 인문계열 학교에 다니는 30~40%의 학생들의 얘기는 그렇다 치자. 그럼 대다수를 차지하는 나머지 60~70%의 학생들은? 대학을 목표로 하는 학생들이 이룰 학문적 발전을 중시하되 나머지 60~70%의 학생들이 받는 직업교육의 중요성도 잊지 않는다.

목표를 이루게 하는
직업교육 시스템

"음, 여기에 뭘 넣은 거죠? 조합이 좀 ……."

방송 중 동료 셰프의 진지한 평가 멘트다.
교육 얘기하다 갑자기 웬 먹방 셰프 얘기냐고? 셰프라는 직업의 인기가 연예인 못지않기 때문이다. 이곳도 먹방이 대세다. 평일 각 채널에서 요리 프로그램이 진행된다. 아마추어 셰프끼리 정해진 시간 안에 같은 재료를 가지고 개성 있는 요리를 만드는 대회도 있고, 프로 셰프와 일반인 간에 요리대회가 펼쳐지기도 하며, 프로 셰프끼리 경쟁하는 일도 있다.

그중, 재밌게 본 요리 프로가 있다. 금요일 밤 11시, 요하네스 케르너(J.Kerner)가 진행한 것으로, 셰프 다섯 명이 주어진 시간 안에 에피타이저부터 메인요리, 그리고 디저트로 빵이나 아이스크림까지, 자기가 맡은 요리를 완성하는 프로그램이다. 다루는 재료와 음식도 꼭 독일 것만을 고집하지 않는다. 가까운 이웃 나라에서부터 아시아 음식까지 다양한 요리가 다뤄진다. 일류급 셰프가 만든 요리를 시식하기 위해 매주 진행 홀은 통로까지 방청객이 앉을 정도로 빈틈없이 꽉 찬다.

이 프로그램은 일류 셰프들이 자신의 이름을 걸고 하기에 본인에게는 긴장감을, 시청자들에게는 결과물에 대한 기대감을 주는 매력이 있다. 셰프들의 바쁜 손놀림 가운데 재미를 더하는 것은 사회자의 역할이다. 사회자는 각 코너를 돌며 셰프들에게 진행 중인 음식에 대한 설명을 유도한다. 이때 셰프들은 손놀림을 멈추지 않으면서도 재치 있는 입담을 과시한다. 누군가 요리가 완성되면 다른 셰프들과 방청객들에게 시식을 권한다. 시식 시간에 모든 셰프는 바쁜 손놀림을 멈추고 해당 셰프가 만든 음식을 먹고 즉석에서 평가한다.

셰프들도 이때만큼은 바짝 긴장한다. 자기가 만든 요리를 방청객과 시청자가 보는 앞에서 다른 전문가에 의해 평가받기 때문이다. 그들은 동료의 음식을 놓고 겉치레의 인사말을 주고받지 않는다. 동료가 프로이고, 일류 셰프라도 짜면 짜다, 싱거우면 싱겁다고 거침없이 말한다. 그야말로 냉정한 평가가 그 자리에서 이뤄지는 것이다. 셰프의 인기는 연예인 못지않다. 직업과 학벌을 가리지 않고 어느 분야든 실력 있으면 인정하는 사회적 분위기의 결과이다. 이러한 목표를 이루도록 돕는 교육시스템이 바로 직업교육(Ausbilding, 아우스빌둥)이다.

직업교육은 한국으로 치면 중학교를 졸업하고 학교와 사업장을 오가며 배우는 것을 말한다. 다시말해 인문계열이든, 실업계열이든 개의치 않고 중등교육과정 1단계인 10학년을 마친 학생들이 3년간 받을 수 있는 교육으로, 주중 1~2회의 직업학교에서의 이론교육과 3~4일의 현장실습으로 이뤄진다. 이 과정을 끝내고 졸업시험에 합격하면 실습을 받던 기업에 정식 사원으로 입사하게 된다. 입사 나이는 보통 19~20세. 이 나이에 사회적 차별이 크지 않은 직장에서 안정적으로 사회생활을 시작할 수 있기에 전략적으로 김나지움 진학을 애당초 포기하거나 김나지움에서 직업학교로 갈아타는 사례가 종종 발생하기도 한다.

직업교육은 여기서 끝이 아니다. 입사 후 3년간 현장 경력을 쌓으면 마이스터 과정에 도전할 수 있고, 교육기간을 끝내고 마이스터 국가시험에 합격하면 자신이 일하는 분야의 최고 전문인이 됨과 동시에, 공장을 설립하여 실습생을 교육할 수 있는 자격을 부여받는다. 직업 세계에 일찍 발을 들여놓은 사람들에게 도전해 볼 수 있는 새로운 목표가 하나 더 부여되는 셈이다.

독일은 이렇게 두 개의 축, 즉 학문교육과 직업교육이 중심이 되어 개개인의 능력 차이를 인정하고 존중하면서 공동체의 발전을 꾀하는, 그래서 개인과 사회가 함께 건강하게 굴러가는 사회를 만들고 있다.

큰아이가 다녔던 곳은 '시립예술음악학원'. 악기를 배울 요량이었지만,
악기는 처음부터 만져보지도 못했다. 그저 춤추고 노래하는 게 전부였다.
'악기를 배우기에 앞서 음악적 감각과 감성을 깨우치는 것,
이것이 독일 음악교육의 원칙이다.

4장

독일의 예체능 교육

여자 아이에게 축구를

"우리 아이랑 축구 같이 할래요?"

카리나 엄마의 뜻밖의 제안이었다. 카리나는 큰아이의 유치원 친구이자, 초등학교 친구다. 매사에 소극적이고 쉽게 포기하는 습관을 가진 아이를 운동을 통해 개선해보고자 하는 카리나 엄마의 바람이었을까. 또 그런 딸 곁에서 지지해줄 친구가 필요했을지도 모르겠다.

어릴 때나 지금이나 운동에 관심이 없는 나로서는 별로 내키지 않는 제안이었다. 더구나 여자아이에게 축구를? 그다지 구미가 당기지 않았다. 망설임이 길어졌지만 카리나 엄마 역시 쉽게 포기하지 않았다. 결국 그녀의 설득은 성공했다. 축구교실이 집 근처인 것과 월 2만5천 원의 저렴한 회비가 마음을 굳히는 데 도움이 되었다. 이참에 작은아이까지 한 번에 엮었다.
축구를 배운 지 두어 달이 지날 무렵, 이 선택은 '신의 한 수'가 되었다. 그냥 '가르치길 참 잘했다'라는 생각을 뛰어넘어, '왜 좀 더 일찍 시작하지 않았을까' 하는 후회마저 들었으니까.

아이들은 운동장에서 마음껏 에너지를 발산했다.

큰아이는 배운 기술을 팀 속에서 적용해 보고자 분주했고, 작은아이는 언니들 틈바구니에서 지지 않으려고 안간힘을 써댔다. 두 아이 모두 연신 헛발질을 해댔고 공을 원하는 곳으로 날리지도 못했다. 결과야 어떻든 드넓은 운동장에서 공을 쫓아 이리저리 뛰며 넘치는 에너지를 뿜어내는 모습에서 몸과 마음이 건강하게 잘 자라줄 것이란 믿음이 생긴 것이다. 그동안 공부에만 급한 마음을 먹고 아이들을 그쪽으로 몰아세운 것이 몹시 미안했다.

몸이 약한 큰아이와 에너지 넘치는 작은아이에게 축구는 탁월한 선택이었다.

취미활동으로
바쁜 아이들

'저녁 8시, 초저녁인데 벌써 잔다고? 말도 안 돼.'

그런 말도 안 되는 상황이 실제 눈앞에서 펼쳐진다. 초등학교 1교시 수업은 8시면 시작된다. 초등학생 때부터 하루를 이렇게 일찍 시작해야 하니 부모들은 아이들을 제때 재우는 게 일이다. 문제는 여름이다. 한여름엔 밤 10시가 되어도 날이 환하여 밤낮 구분이 좀처럼 안 된다. 환상적인 여름날, 어른들도 놀며 버티고 싶은데 아이라고 예외일 리는 없다. 이 잠자리 실랑이를 끝내려면 독일에서 가장 환상적인 계절인 여름이 빨리 지나가야만 한다.

'정오 12시 30분이면 귀가 완료!'

초등학교 1, 2학년은 오전 11시 반, 3, 4학년은 12시 반이면 모든 수업이 끝난다. 누구 말마따나, 아침 설거지 끝내 놓고 뒤돌아서면 아이가 벌써 집에 와 있다.
아이들의 조기 귀가로 가장 큰 어려움을 겪는 것은 역시 맞벌이 부부다. 이들이 겪는 애로사항을 해결하기 위해 학교 내에 돌봄 시설을 두고 있긴 하나 수요를 다 채우기에는 역부족이다. 학교 근처 유치원 사정도 마찬가지다. 유치원에서 초등학교 저학년을 맡아 돌볼 수는 있지만 받을 수 있는 인원이 정해져 있기 때문에 해갈에는 한계가 있다. 독일에서 이 문제가 공론화된 것은 꽤 오래전인 2006년경이다. 맞벌이 부부의 애로점도 있지만 조기 귀가가 기초학력 저하를 가져온다는 주장이 제기되면서부터이다. 이를 위해 그제야 학교 내 방과후 활동이 보편화되기 시작했다.

초등학교 방과후 활동 참가 자격은 2학년부터 주어진다. 프로그램 내용은 숙제 봐주기, 기타, 축구, 댄스, 컴퓨터, 수예, 과학실험, 요리 등 '숙제돌봄'이나 예체능 수업이 주다. 인력풀은 시에서 책임지고 반은 무학년제, 비용은 하루 활동 건당 1,400원 정도이다.
돌봄교실이나 방과후 수업이 끝나도 다양한 취미에 도전하느라 아이와 부모가 바쁘긴 매한가지다. 요일마다 색다른 취미활동으로 분주한 경우도 있다. 예를 들어, 월요일은 플루트 레슨, 화요일은 승마, 수요일은 발레, 목요일은 댄스, 금요일은 수영 등등.
문제는 오고감이다. 활동 장소가 산발적으로 흩어져 있는 데다 아이들을 태워가는 학원 버스가 일체 없기 때문이다. 취미활동이 이루어지는 장소까지 데려다주고 데려오는 일, 모두 부모 몫이다. 아이들이 중학생만 되어도 혼자 버스나 자전거를 타고 다닐 수 있지만, 그전까지는 부모가 이 부분을 모두 책임져야 한다.
이런 번거로움에도 불구하고 부모들은 자녀를 위해, 그 자녀와 함께 오후 시간을 보내느라 바쁘고 버겁다.

과외,
선행 아닌 보충일 뿐

"한 과목에 한 장요?"

한국에서 큰아이가 고3이 되어 주위를 둘러보니 이런 말이 들려온다. 입이 다물어지지 않았다. 이런 세상이 있다니! 그렇게 할 수 있는 부모의 재력이 부러웠다. 물론 이것은 전문과외교사, 일명 족집게 선생님에 해당하는 말이다.
과외에 대한 유혹! 부모라면 떨치기 어려운 과제다.

성적이 오른다면 무슨 일을 해서라도 시키고 싶은 게 부모 마음이다. 하면 오른다는데, 또 나만 안 시키면 뒤쳐질 것 같은데……. 그런 유혹을 쉽게 뿌리칠 정도로 멘탈 강한 부모가 얼마나 있을까?
밤 12시까지의 학원수업도 모자라 새벽 한,두시까지 과외수업을 받는 세상이 있다는 것을 독일 부모나 학생들은 알까? 도무지 상상할 수 없는 세상이다.
독일에서 학생들은 선행학습이나 예습할 이유가 없다. 우선 특목고나 자사고가 없고, 대학 결정이 고2 때부터 내신으로 시작하기 때문에 굳이 어릴 때부터 앞서 갈 필요가 없다. 그리고 대학이 평준화되어 아비투어만 합격하면 어디든 갈 수 있다. 인기 많은 의대도 성적이 부족하면 3년만 대기하면 들어갈 기회가 주어지는데 굳이 선행이 필요하겠는가? 토론수업과 프로젝트 수업이 많은데 예습과 선행학습이 또 얼마나 도움이 되겠는가?

이러한 복합적 시스템 속에서 선행학습은 교육적 가치에 반한다는 생각이 지배적이다. 그래서 선행을 위한 과외는 독일에서는 상상할 수가 없다.

사교육이라고는 취미와 관련된 예체능 교육이 주를 이룬다. 여기에 선행이나 예습과 같은 학습적인 내용은 다 빠진다. 굳이 있다면 보충학습을 위한 과외(Nachhilfe)와 학원수업(Schülerhilfe) 정도? 여기서 과외나 학원수업은 한국과는 개념이 전혀 다르다. 부족한 과목에 대한 보충 정도로, 학교 수업을 못 따라가 유급 위험에 처해있는 학생에 대한 자구책일 뿐이다. 학교 교육을 앞서는 것이 아니라 학교 교육을 따라갈 수 없는 수준에 놓인 학생을 돕기 위함이다. 이 문제를 놓고 가정에서 과외나 학원수업을 찾아 해결을 도모한다.

과외는 김나지움 상급생이나 대학생이 주로 하며, 주 1회 정도에 시간당 최저 시급이나 그것을 약간 상회하는 선에서 이뤄진다. 이에 비해 과외는 정년퇴임한 교사나 현직 교사가 겸직하는 일이다. 학원비는 물론 과외보다 비싸나 세금문제가 걸려있어 고액과외 고리로 이어지진 않는다.

학생들 사이에선 이런 별도 수업을 받는 학생을 가엾게 여기는 경우는 있어도 부러워하는 학생은 거의 없다는 사실. 독일에서의 과외, 그리고 학원수업은 부진한 학생을 위한 것이라는 인식이 강하기 때문이다.
그만큼 배움은 학교를 통해 이뤄져야 한다는 공교육에 대한 신뢰가 확고한 편이다.

학습은 없고
티켓만 있는 방학

"방학, 완전 좋아!"

어릴 적엔 방학보단 개학을 오히려 기다렸다. 방학에는 놀 친구도 학습도 전혀 없었기 때문이었다. 이곳 아이들에게 방학은 다르다. 학습은 없지만 놀거리로 충만하다. 바로 '페리엔패스(Ferienpass, 방학티켓)'가 있기 때문이다.

페리엔패스는 방학 전에 학교에서 발행해 준다. 티켓을 소지한 학생에겐 방학 동안 시에서 운영하는 각종 프로그램에 참여할 자격이 주어진다. 프로그램은 농장에서 1박 하며 승마배우기, 놀이동산 가기, 해변에서 조개 줍기, 빵과 케이크 만들기, 산속에서 별자리 관찰하기 등의 체험학습과 하이킹, 요트, 퀼트, 힙합 댄스, 서양장기, 태권도, 테니스 등의 취미활동이 주를 이룬다. 이 중 아이와 부모가 시간과 형편에 따라 원하는 것을 골라 담으면 된다. 신청한 대로 다 참여할 수는 없다. 대부분은 선착순이지만, 인원수가 제한된 프로그램은 추첨을 통해 참여 여부를 결정한다. 참여 기간은 단 하루 만에 끝나는 것부터 한 달간 주 1회 또는 일주일 내내 숙박을 하며 진행하는 프로그램도 있다. 비용도 다양하다. 무료부터 한 달에 20만 원이 넘는 것까지. 참여가 확정되면 달력에 해당 프로그램을 날짜 밑에 적어 놓았다가 때맞춰 가면 그만이다.

내 학창 시절을 돌아보면 방학이라고 맘 편히 놀아본 적이 얼마나 있었나 싶다. 특히 고등학생 시절에는 그런 날이 거의 없었던 것 같다. 방학을 어떻게 보내고 오느냐에 따라 자신감이 달라지는 것을 스스로 너무 잘 알던 때였기에.

뭘 하든 눈치 보이고 불안했던 나의 방학!

이곳 방학에서는 그런 불안함을 가질 필요가 없다. 왜? 다 안 하니까. 방학 때는 숙제가 없다. 왜? 학교에서 안 내주니까. 방학 때엔 학원에도 가지 않는다. 왜? 방학 내내 휴원이니까.
6주의 여름 방학! 학습도, 숙제도 전혀 없는 데다 거기에 더해지는 이런 저런 프로그램으로 아이들은 눈치 보는 일없이 방학 동안 '제대로' 자기계발하며 건강하게 쉴 수 있다.

악기보다 감성이 먼저!
음악교육의 원칙

'아니, 도대체 언제 악기를 잡아보냐고요?'

큰아이가 다녔던 곳은 '시립예술음악학원'(이하 음악학원). 악기를 배울 요량이었지만, 악기는 처음부터 만져보지도 못했다. 그저 춤추고 노래하는 게 전부였다. '악기를 배우기에 앞서 음악적 감각과 감성을 깨우치는 것, 이것이 독일 음악교육의 원칙이다.
그런 교육 방침과 규정에 따라 아이는 악보 보는 법과 박자 감각을 먼저 익히고, 음악에 맞춰 노래 부르고 춤추는데, 무려 2년이라는 시간을 바쳤다.

나 같이 성질 급한 사람에게 그 시간은 그야말로 속 터지는 시간이었다. 일주일에 한 번, 1시간 30분씩, 무려 2년이란 시간 내내 음악에 맞춰 마냥 뛰놀고만 있으니… 이런 식으로 언제까지 공을 들여야 악기를 배울 수 있을지 기약조차 없었다. 한국에서는 피아노 2년이면 '체르니 30번' 정도는 치지 않았던가. 하지만 악기를 다루기 전에 감성을 깨우는 것이 이곳의 원칙이라니 속이 터져도 따를 수밖에.

이 기간을 거치면서 생기는 또 하나의 고민은 바로 악기 선택이다. 한국에서는 악기에 대해 크게 고민할 필요가 없다. 집에 피아노가 없어도 학원에서 연습하면 그만이니까. 하지만 이곳 학원은 연습 시간을 따로 주지 않는다. 그야말로 레슨 외에 기대할 게 없다. 그렇다고 유학생 살림에 피아노를 집에 들일 수도 없고. 그런 고민 중에 피아노 외의 악기를 접할 수 있는 기회가 있었다. 바로 학원 주최로 열리는 여름 음악 발표회이다.

음악회 프로그램은 1, 2부로 나뉘어 진행된다. 1부에는 시, 주(州) 대회에서 우승한 학생들의 악기 연주가 주를 이룬다. 가끔 당해년도 전국 음악대회에서 일등을 차지한 학생들의 연주가 있기도 하다.

1부 발표회가 끝나면 학부모와 자녀들이 고대하던 2부 시간이 돌아온다. 강당 안의 10여 개 정도의 작은 방들을 개방해 놓고, 각 방에서 전공 선생님들과의 면담 시간을 갖는다. 음악회에 참여한 아이들은 부모와 함께 각 실을 돌며 악기를 만져보고 불어보고 두드려 본 뒤, 전공 선생님들의 조언을 듣는다. 그런 시간을 가진 뒤 배울 악기를 결정한다.

악기 연주를 시작으로 또 다른 전쟁이 시작된다. 바로 연습이다. 레슨을 앞두고 매일 또는 최소한 레슨 전날 아이의 연습 상태를 확인해 보는 일은 부모의 또 다른 일거리 중 하나이다. 이때 다시 한 번 엄마의 인내심은 시험대에 오른다. "했니, 안 했니?"를 시작으로 "할 거니, 말 거니?" 등의 겁박으로 어르고 달래기까지. 때마다 같은 말을 반복하기를 여러 차례. 하지만 독일 부모들은 이 문제에 대해 크게 고민하지 않는다. 연습을 놓고 아이와 실랑이를 벌이지도 않는다. 연습을 소홀히 하면 아이가 그 악기에 흥미가 없다고 생각하고, 가르치는 일을 쿨하게 접는다.

부모가 원하는 것과 아이가 원하는 것이 일치하지 않음을 일찌감치 인정하는 것이다.

이런 사교육

큰아이는 6살 때부터 '사교육'을 받았다. 여기서 말하는 사교육은 우리가 흔히 생각하는 것과는 조금 거리가 있다. 국영수 중심이 아닌 예체능에, 취미활동이 대부분이다.

모든 예체능 교육은 한 곳에서 통합 운영하는데, '시립예술음악원'이 그곳이다. 음악원의 교육대상은 6세 이상의 유치원생부터 성인이며, 악기뿐 아니라 노래, 미술, 체육활동 등을 다루는, 거의 종합예술학교 수준이다. 다뤄지는 악기는 피아노, 바이올린, 첼로, 플루트, 클래식 기타, 키보드, 피리, 트럼펫, 호른, 클라리넷, 드럼 등이며, 노래의 경우 재즈, 오페라, 뮤지컬 등의 다양한 장르를 넘나든다. 거기다 축구, 댄스, 발레 등의 체육활동은 물론이고 컴퓨터, 수예, 미술 활동도 이곳에서 전부 이뤄진다.

이러한 다양한 프로그램을 총괄하는 곳은 '시청(City Hall)'이다. 시에서 희망자를 학기별 또는 수시 모집하여 레슨 시간을 잡아준다. 음악 수업은 음악원의 교사 개인 레슨실에서 진행된다. 부모는 이 시간에 아이의 수업을 참관할 수 있다. 레슨이 정해진 시간대에 움직이기 때문에 음악원 자체가 사람들로 인해 붐비는 일은 거의 없다. 축구, 댄스 및 발레 수업은 학기별로 희망자를 모집하여 운영하되, 주로 학교 운동장과 학교 체육관을 빌려서 진행한다.

음악원에서 일하는 교사는 모두 실력파 전공자들이다 참고로 독일의 대학교에는 음악, 미술, 체육 등의 예체능 학과가 따로 없다. 있어도 이론 위주의 학과만 있을 뿐이고, 실기는 음악전문대학에서 다룬다. 이 대학에서 우수한 성적으로 졸업한 사람들이 주립예술음악원이나 오케스트라 등에서 일하게 된다. 그만큼 여기서 일하는 교사들의 실력은 상당하다.

레슨비는 레슨 시간과 교습의 형태에 따라 달라진다. 레슨은 주 1회가 보통이며, 레슨비는 그룹의 경우 월 3만 원, 개인의 경우 월 5만 원 선이다. 처음에는 그룹 레슨으로 시작하다 30분짜리 개인교습으로, 단계가 높아지면 45분 수업으로 바꾼다. 참고로 레슨비는 주(州)마다 다르다. 국가기관의 문화사업 지원 정도, 지역의 물가, 그리고 사회적 지원 여부 등의 영향을 받기 때문이다.

피아노를 제외한 대부분의 악기는 음악원에서 빌릴 수 있다. 빌려 쓰다가 아이에게 배울 의지가 보이면 그때 악기를 사준다. 대여료는 악기의 크기에 따라 다르지만 플루트와 바이올린의 경우, 한 달 대여료가 약 1만4천 원 선이다. 학교가 방학에 들어가면 음악원도 방학이다. 하지만 방학이라도 학교 수업료처럼 학원비는 내야 한다. 억울하지만 어쩌랴, 제도는 제도인 것을.

음악 경연 대회와
한국 엄마의 극성

매년 1월이면 시에서 주최하는 음악대회가 열린다. 시(市) 대회에서 우승하면 주(州) 대회 참가 자격이 주어지고, 거기서 우승하면 전국 대회로, 다시 그곳에서 우승하면 유럽 콩쿠르에 출전하게 된다. 참고로, 시 대회에서 1등을 해도 25점 만점에 23점 이상이어야 주 대회 참가 자격이 주어진다.

주 대회 이상의 참가에는 나이 제한이 있다. 아무리 어린 나이에 뛰어난 실력을 보여도 11살이 되어야 주 대회에 참가할 수 있고, 전국 대회에 나가려면 13살 이상은 되어야 한다. 음악 수준이 어느 정도 무르익을 때까지 기다려야 한다는 취지다. 어린 나이에 천재성이 보여도 예외는 없다. 그런 제도적 장치 때문에 학생들은 인내심을 가지고 때를 기다린다.

큰아이가 악기를 배운 지 1년이 좀 지나서였다. 레슨 선생님이 조심스럽게 물어왔다. 아이를 시 대회에 참가시키고 싶다고. 그 물음에 길게 고민하지 않고 쉽게 오케이를 하고 나중에 크게 후회를 했다. 연습 과정이 만만치 않음을 그땐 미처 몰랐던 것이다.

반주자와 시간과 장소를 맞춰 한 달 내내 오가는 번거로움이 있다는 것을 계산하지 못한 것이다.

그래도 공들인 보람이 있어 참가하는 대회마다 우승했고, 없는 시간 있는 시간 쪼개가며 연습시키는 일은 언제부턴가 예삿일이 돼버렸다. 그 덕에 지역 신문에 몇 차례 큰아이의 이름이 실리기도 했고, 시정(市政) 모임에 불려가 오프닝 연주를 하거나, 지역 인사의 생일파티에 초대받기도 했다. 바빴지만 이런 초청을 거절할 이유가 없었다. 연주 후에 쥐어지는 제법 큰 봉투 때문이다. 작게는 3만 원에서 많게는 6~7만 원까지. 아이에겐 부끄럽지만 연주를 마치고 돌아오는 길에 나의 마음은 이미 봉투에 가 있기도 했다.

이런 결과는 엄마의 극성 때문이다. 극성이라고 해봤자 연습 시간은 하루에 30분 정도. 하지만 악기를 처음 시작한 아이에게 이 정도 연습은 독일에서는 극성이고 그것은 가성비(?) 좋은 결과로 이어진 셈이다.

생일 파티,
부모는 파김치가 되다

아침부터 걱정 반, 긴장 반. 마음은 급하고, 몸은 굼뜨기만 했다. 일단 풍선을 넉넉히 불어놓고, 현란한 오색 테이프로 거실과 아이 방을 꾸몄다. 거실 중앙에 '아이폼'으로 '해피버스데이'를 붙이고 나니 아쉬운 대로 제법 파티 분위기가 난다. 다시 빠른 손놀림으로 케이크를 완성하고, 데코레이션용 간식까지 차려놓으니, 아이들이 하나둘 들이닥치기 시작한다. 9살이 된 큰아이의 생일 풍경이다.

독일 아이들의 생일잔치는 유난하다. 미리 생일초대장을 일일이 만들어 돌려야 하고, 초대받은 아이들 숫자만큼 선물꾸러미를 준비해야 한다. 당일 진행할 프로그램 준비도 물론이다.
아무리 아이들이라도 남을 집으로 초대한다는 것이 얼마나 부담스러운 일인지. 손발이 바쁜 건 둘째치고 초대받은 아이들이 초라한 살림살이를 보고 우리 아이를 무시하진 않을까 하는 쓸데없는 걱정까지 앞섰다. 게다가 아이들 앞에서 어눌한 독일어를 구사하며 몇 시간 진을 뺄 생각을 하니 뒷골까지 당겨왔다. 독일식 파티 분위기를 익히 알면서도 몇 년간 한국식 생일잔치를 고집했던 이유도 그래서다. 또 케이크 하나 성의껏 만들어 주고 아이들이 좋아하는 반찬 몇 가지 곁들이면 부모로서 성의 표시를 다 한 것이 아닌가 싶었다. 하지만 그것은 어른들의 생각일 뿐, 언제부턴가 아이들이 친구들 생일파티를 다녀오면 노골적으로 부러움을 드러냈다. 자기도 친구들을 초대하여 독일식 생일파티를 하고 싶다면서 말이다.

그래서 시작한 첫 번째 도전. 진행은 한국과 크게 다를 게 없다. 1라운드에는 빙 둘러 앉아 케이크에 촛불 켜고, 노래 부르고, 불 끄고, 선물 공개하고, 왁자지껄 떠들고.

문제는 그 이후다. 본격적인 '놀이'시간이 돌아오면 부모 중 누군가가 파티의 흥을 돋우어야 한다. 부부 양쪽 다 흥이 없긴 매한가지만, 내겐 부엌에서 할 일이 남아 있기에 이 시간은 온전히 남편 몫이 된다. 결국 아파트 뒤뜰에서 어린 시절 한 번쯤 해봄직 한 게임이 진행된다. 열중쉬어 자세로 반환점을 돈 후 밀가루 푼 접시에 머리 박고 사탕 찾기, 나무막대에 달린 과자 따먹기 등등.

'호응이 없으면 어쩌나' 걱정했는데 의외로 잘 따라 주고 아주 재미있어했다. 남편과 아이들이 바깥 놀이에 열중하고 있는 동안 나는 저녁 준비에 여념 없다. 게임을 끝낸 아이들의 허기진 배를 채우게 하기 위함이다. 이 모든 일련의 과정이 끝날 즈음 기다리던 반가운 초인종 소리가 울린다. 마중 온 부모들의 도착을 알리는 소리. 초대된 아이들이 그렇게 부모의 손을 잡고 하나, 둘씩 집으로 돌아가면 이 거사(?)는 끝이 난다. 이 일을 치르기 전 꼭 해야 할 일이 하나 있다. 바로 사전예고다.

"다음 주 화요일, 오후 2시부터 6시까지 생일파티가 있을 예정입니다. 소란해도 이해해 주세요."

생일파티 전, 연립주택의 주민들에게 반드시 양해를 구해야 한다. 그렇지 않으면 이웃들에게 경고장이 날아오기 때문이다. 말이 아이들 생일파티지 이래저래 어른들 손이 참 많이 가는 행사이다. 그렇게 긴 하루를 마치면, 아이는 "마마! 파파! 당케 쉔(Danke schön, 고마워요)"을 외치며 엄마, 아빠 목에 매달린다.

이런 행복한 미소 한번 보자고 '부모'라는 이름으로 파김치 되도록 그렇게 고생했나 보다.

지역 축제는
아이들도 주인공

독일은 16개의 연방 주로 구성되어 있다. 각 주 정부는 저마다의 전통과 축제를 잘 보존하여 발전시켜 오고 있다. 뮌헨은 10월의 맥주제, 쾰른은 6월의 카니발이 가장 대표적인 예이다. 이곳 키일(Kiel)도 전통적인 지역 축제가 있다. 바로 킬러보헤(Kieler Woche)가 그것이다.

1895년 이래 이 축제는 매년 6월 넷째 주에(1, 2차 세계대전 시기를 제외하고는) 열리며 현재 독일 국내뿐만 아니라 가까운 스웨덴, 노르웨이 등에서도 관광객이 몰려올 정도로 행사 규모가 커졌다.

첫날 불꽃놀이를 시작으로 한 주간 주민들은 축제 분위기에 흠뻑 빠진다. 시내 곳곳마다 주점과 놀이시설이 들어서고, 각종 문화행사가 곳곳에서 펼쳐진다. 이 기간을 이용해 기업들은 신상품을 소개하고 고객을 확보하는데 바짝 열을 올리기도 한다.

킬러보헤(Kieler Wocher) 축제의 꽃은 단연 요트경기다. 4년마다 50여 개국에서 5,000여 명 정도의 선수와 1,500여 척의 요트가 참여한다. 시내 곳곳마다 아이들을 위한 놀이시설과 체험활동, 연극, 콘서트, 마술쇼 등도 마련된다. 아이들 역시 이 축제를 즐길 주체임을 보여주는 것이다. 이때의 모든 체험활동과 연극, 콘서트 관람은 무료이다. 이런 기회를 놓치지 않기 위해 부모들은 오후 시간을 아이들을 위해 오롯이 투자한다.

그중 가장 기억에 남는 체험활동은 집짓기. 높은 언덕 위에 작은 집을 세우는 활동으로, 아이들이 직접 톱질하고, 준비된 판자를 덧대어 망치질하면서 한 주간 집을 지어 나간다. 물론 집의 뼈대는 세워 놓고, 사이사이 도우미들이 아이들의 일손을 거든다. 집을 세우는데 자기 손길을 더해보는 경험이 남다른 추억으로 남게 되길 기대하면서 부모들 역시 아이들 곁을 지킨다. 건축 체험 후에도 아이들에게 하나라도 더 경험시키고자 엄마의 마음은 분주하다. 아이들 손을 잡고 종이 만드는 곳으로, 염색 공예장으로, 진흙 체험장으로, 몸도 마음도 바쁘게 움직인다.

그중 작은아이가 유독 관심을 보이며 좋아한 곳이 있다. 바로 승마 체험장이다. 축제 기간 동안 농장에서 너댓 마리의 말을 가져와 아이들에게 탈 수 있는 기회를 제공한다. 사실 독일 아이들에게 승마는 흔한 취미활동이다. 차로 20여 분이면 승마를 배울 수 있는 농장을 쉽게 찾을 수 있는 데다 비용도 주 1회 기준, 월 4~5만 원 정도여서 크게 부담은 없다. 하지만 유학생 가정의 상황에서는 좀 버거운 활동이었다. 그래서였을까 작은아이는 하고 싶다는 말은 못하고 책을 봐도 말에 관한 것으로, 옷도, 문구류도 다 말이 들어간 것만 찾았다. 그런 아이에게 축제는 유일한 해갈의 기회였다.

첫 월급,
그 가벼움에 관하여

'헐! 고작 이 정도야?'

독일 친구 슈타이거가 통장에 입금된 첫 월급액에 기막혀한다. 이러자고 죽기 살기로 공부했던가? 후회막급이다.
그는 대학병원에 갓 취업한 의사다. 동거녀가 있지만 아이는 없다. 그러다 보니 월급 수령액의 40%를 고스란히 국가에 바친 것이다.
슈타이거처럼 고액연봉에 홑벌이면 공제액이나 사회부조가 없기 때문에 본인이 느끼는 조세부담률은 버겁게 느껴지고 실수령액은 보잘것없이 작기만 하다. 그가 낸 세금으로 윗집 타냐는 수업료 걱정 없이 대학을 다니고, 얼마 전 친구 마이어가 돈 한 푼 내지 않고 심장 수술을 받게 되었다는 사실을 이성적으론 수긍하지만, 볼품없는 통장잔고 앞에선 좀처럼 인정하기가 힘든 현실이다.

어느 날, 슈타이거 옆집에 부부싸움이 있었다. 부부애가 좋기로 소문난 슈뢰더 부부. 하지만 자녀 문제 앞에 장사 없다고 아이 진학 문제를 놓고 대판 싸운 것이다. 이 부부의 아이는 초등학교 4학년이다. 성격 좋고 예의 바르기가 이루 말할 수 없는 아이다. 같은 라인에 사는 사람들이 모두 이뻐할 정도로 착한 아이, 그런 아이에게 딱 한 가지 문제가 있다. 공부에 통 관심이 없다는 것. 노는 일에는 해맑고 창의적인데 독서나 숙제 앞에서는 … 영~.

이곳 분위기에서 '공부 좀 못 하고 안 하는 게 뭐 대수랴!'
맞다! 그동안은 그래왔다. 하지만 요즘 분위기는 예전 같지 않다. 2013년 OECD가 발표한 독일 25~34세의 고등교육 이수율은 29%로 OECD 평균(39%)보다 낮다. 반면 직업교육훈련 과정에 진학하는 비율은 2013년 기준 35% 이상으로 다른 국가에 비해 높은 편이다. 이런 수치가 그동안 강한 독일이 어떻게 만들어져 왔는지 말해주고있다. 독일의 자랑인 체계적 직업교육을 통해 60~70%의 젊은 청춘들이 일찌감치 관련 자격증을 취득하고, 실습하던 중소기업에 다시 채용되어 구인·구직 간 미스매칭을 줄이고 청년 실업률을 낮추는 데 기여했다. 또한 각 산업 분야에서 직업교육 훈련시스템을 통해 매년 25,000명 정도의 마이스터(장인)가 배출되어 탄탄하고 안정적이며 경쟁적인 기업발전의 주역이 되어 주었다.

인문계열 학교 상황은 어떠한가? 공교육 초기에 시작하는 진로지도로 대학진학에 대한 과열 조짐과 경쟁이 일찍 마무리되어 학부모와 학생이 안고 갈 스트레스가 일찍부터 사라진다. 학생들은 과한 학습량에 시달리지 않은 건강한 뇌를 가지고 대학에 진학하여 학문의 깊이와 재미에 빠져 지낼 수 있다. 국가 차원에서도 마찬가지다. 이는 국가가 기대한 바이자 지속적으로 추구할 목표다. 필요한 곳에 실력을 갖춘 인재를 초기에 선별하여 교육한 탓에 불필요한 사회적 비용을 줄일 수 있고 그것으로 국가경쟁력의 차별화를 확실히 이뤄냈다. 얼마 전까지만 해도 그랬다. 확실히 그랬다.

그런 전통을 갖고 발전해 온 독일에 뜻하지 않게 목덜미 잡을 일이 생겼다. 바로 OECD가 주관하는 국제학업성취도평가(PISA) 결과, 2000년부터 실시해 온 이 시험에서 독일 청소년들의 기초학력 수준은 10여 년간 OECD 회원국 중 중·하위권을 면치 못하였다. 이것은 나름 자랑스럽게 생각해오던 독일교육제도에 대한 회의를 불러일으켰다.

결국 독일은 세계화에 맞지 않는, 호환 안 되는 중등교육학제(고졸까지 13년제)와 대학 학위제, 그리고 조기 귀가를 통한 학습 시간의 부족 등을 교육경쟁력(학력) 저하의 원인으로 보고 교육변화를 시도했다.

독일 대학의 전통적 학위제 고수는 그동안 여러 문제의 원인이 되었다. 외국 대학과 학제 호환이 되지 않아 고급인력 유입도, 자국 학생들의 배울 기회도 축소하는 결과를 가져왔던 것이다. 뿐만 아니라 지식기반사회에 기초한 고급기술을 가진 학사 학위 소유 인력의 부재는 세계화 시대를 맞은 자국 기업의 경쟁력을 약화시켰다. 또한 대학무상교육으로 인해 발생하는 수업연한의 장기화(6년~7년)와 대학 졸업률 저하로 인한 고등학력 인력부족, 그리고 대학의 국제경쟁력 약화 등의 문제도 드러낸 것이다.

그런 회의와 반성으로 8년제 김나지움의 등장, 종합대학의 학사학위제 도입, 초·중등학교의 종일반 시행과 정착을 통한 학력 향상, 우수대학 선정 및 지원 사업, 그리고 교육의 중앙통제에 대한 논의 등이 이뤄졌다. 참고로 독일에는 '일제고사'의 개념이 아예 없다. 다른 지역, 다른 학교와 비교해 순위를 매기는 것 자체를 간섭이나 통제로 여긴다.

사실 교육부가 간절히 원하는 바지만, 주(州) 교육부와 학교의 반발이 거세기 때문에 시행할 엄두조차 내지 못한다. 그러다 보니 지역별, 학교별 경쟁과 그로 인한 과열과 부작용 등은 나타나지 않는다. 하지만 이런 과정에서 뜻하지 않은 문제 하나가 쟁점화되었는데, 바로 교육 불평등 문제다. 즉, 직업교육에 편향되어 있어 어린 학생들, 특히 가정환경을 포함한 종합적인 요인으로 성적이 낮은 학생들이 대학진학을 포기하고 저연봉 직업 전선으로 너무 일찍 뛰어든다는 것이다. 반면, 부모에게서 물질적으로 정신적으로 지원을 넉넉하게 받은 학생들은 대학진학을 하고, 학사 이상의 학위를 취득해 고연봉 직업군으로 들어가게 된다. 바로 이 지점이 세대 간에 이어지는 사회 불평등의 고리인 셈이다.

"도대체 레알슐레가 어떤 학교예요?"

큰아이 친구 중 헨리 엄마가 내게 한 질문이다. 그녀의 남편은 대학 교수고, 본인은 대학 강사였다. 하지만 헨리의 딸은 성적이 썩 좋지 않았고 4학년 진학 상담에서 담임교사로부터 레알슐레를 추천받았다. 그런 결과 앞에 헨리의 엄마는 망연자실(?)했고 그 기막힌

심정을 외국인인 내게 레알슐레가 도대체 뭐냐는 물음으로 토로한 것이다. 그 물음에 내 입도 다물어지지 않았다. 아니 독일인이 독일 학교시스템을 이렇게도 모르나? 그녀는 실업계로 자기 자녀를 보내게 되리라고 생각조차 못 해본 것이다. 결국 그녀는 담임 추천을 무시하고 아이를 인문계 김나지움에 억지로 입학시켰다.

이에 비해 부모의 소득과 사회적 지위가 낮은 경우의 아이는 큰 저항 없이 사회시스템을 받아들이고 대학 무상교육은 그들에게 언감생심, 저학력 저임금의 악순환을 온몸으로 받아들이며 살게 된다.

부모의 재산과 지위 정도가 자녀의 학교 선택과 진로에 영향을 미친다? 맞다! 부모의 재산과 사회적 지위가 대학진학률과 직업 선택을 좌우하고 그것은 다시 학력과 소득구조의 대물림을 고착시키는 양상을 보이는 것이 최근 독일의 모습이다.

결국 교육 분야에서 학력을 포함한 경쟁력 제고와 교육 불평등 개선을 위한 일련의 노력은 국제학업성취도평가(PISA)에서 OECD 평균치를 상회하는 결과를 가져왔고 대학진학률 증가와 대학의 자생력 강화를 가져왔다. 하지만 그 과정에서 산업현장에서는 직업교육생 부족으로 인한 일자리 미스매칭, 김나지움 학제의 1년 단축으로 해외단기유학과 조기 대학 체험학습 등의 교외활동 축소로 인한 개인특성과 적성에 맞는 교육기회의 박탈, 그리고 성적순으로 서열화되는 경쟁분위기가 조성되었다. 독일의 68혁명(과거사 청산, 복지국가 수립, 통일 독일) 이후 경쟁을 걷어내고자 교육개혁을 실시하였고 부모 소득과 상관없는 교육 기회의 평등을 실현하여 정의로운 사회를 만들고자 한 그동안의 노력이 예기치 못한 저항에 부딪힌 셈이다.

교육에 정답이 있으랴!

다시 의사 친구 슈타이거와 그의 이웃 슈뢰더 부부를를 소환하고자 한다. 독일 역시 슈타이거처럼 고액의 세금으로 불만을 갖고 사는 사람들과 슈뢰더처럼 최근 달라진 교육 분위기로 자녀 진로문제를 놓고 고민하는 부모들이 많다.

2014년 한국경제연구원이 내놓은 '한-EU 임금 격차 현황 비교' 보고서에 따르면 대졸과 중졸 이하 근로자 간 임금 격차가 독일이 2.08배로, 조사대상 25개국 중 4위를 차지했다. 독일 역시도 학력간 임금 격차가 큰 게 사실이다. 얼핏 보면 이런 임금 격차가 학벌 중심의 사회적 분위기를 조장할 수도 있다. 그럼에도 불구하고 그 열기가 그리 과하지 않은 이유는 무엇일까?

물론 세전만 보면 임금 격차가 불평등 현상을 심화시키는 것이 맞다. 하지만 세후를 OECD가 발표한 실질세부담률(조세격차), 국내총생산 대비 복지지출 비중, 세후 지니계수(불평등 정도를 나타내는 지수) 개선율을 가지고 살펴보면 얘기는 달라진다. 여기서 실질세부담률은 소득세와 건강보험료, 국민연금 등 각종 사회보험료 등이 임금에서 차지하는 비율을 뜻하며, 세후 지니계수 개선율이란 가처분소득 기준의 지니계수를 말한다.

먼저 실질세부담률. 2013년 독일의 실질 세부담률은 49.3%로 OECD 35개국 중 2위를 차지하여 독일인의 세금과 사회보험부담률이 다른 나라에 비해 높음을 알 수 있다. 다음으로 세후 지니계수 개선율과 국내총생산 대비 복지지출 비중을 보자. 독일의 2016년 세후 지니계수 개선율은 41.8%로, OECD 35개국 중 7위를, 국내총생산 대비 복지지출 비중은 25.3%로 OECD 35개 회원국 중 9위를 차지하여 조세와 사회보장제도를 통해 소득재분배를 강력하게 이뤄내고 있음을 알 수 있다.

여기서 사회보장 내용을 추가해 얘기해 보면 이야기는 좀 더 분명해진다. 최소 1년(전년도 본봉의 67%)에서 최장 30년 이상(매월 약 50만 원) 주는 실업수당, 자녀 한 명당 최장 25세까지 받을 수 있는 자녀 양육비(매월 약 25만 원 정도), 가성비 좋은 의료보험, 그리고 대학 및 대학원까지의 무상교육 등이 바로 그 내용이다. 거기다 최저임금 9.35유로(13,090원 정도, 2020년 기준)에 물가는 안정적이고, 삶의 기본조건인 주택에 대한 소유 부담 역시 적다. 무엇보다 60~70% 정도를 차지하는 고졸 학력자들이 학력에 맞는 일자리를 찾을 수 있도록 직업 분화 및 직업 교육이 잘 되어 있어 고졸 학력을 가지고 실업자가 될 확률 또한 다른 나라에 비해 낮다.
이런 제도와 시스템이 학력에 따른 사회 불평등을 줄이며 학력에 매이지 않는 건강한 사회 분위기를 만들고 있는 것이다.

슈뢰더 부부는 딸아이의 진로를 놓고 아직도 고민 중이다. 담임교사의 추천을 믿고 가봐야 하는 건지, 아니면 최근 다시 고개를 드는 경쟁적 분위기를 몸으로 받아내도록 아이를 그 경쟁에 몰아세워야 할지 말이다.

교육에 정답은 없다. 어떤 것이 인간적인지, 행복을 가져올지, 또 정의로운지. 구성원 간의 합의로 합리적 답을 찾아 좁혀갈 문제이다. 트랙에서 함께 노는 사람끼리 머리 맞대고 풀어갈 문제이다.
그럼에도 포기할 수 없는 건, 인간이고 아이들이며 그들이 누려야 할 행복이며 세워야 할 정의이다.

제적이 주는 의미는 이참에 본인의 적성을 다시 한 번 생각해보라는 뜻이다. 공부 자체가 적성에 맞는지, 아니면 그 과목이 본인과 맞는지의 여부를 판단해 시간을 낭비하지 말라는 것이다. 이런 시험 규정 때문에 기본과정 내내 불안한 마음을 떨칠 수 없었다. '아차' 하다간 곧 제적감이기 때문이다.

5장

졸업,
꽃길 아닌 가시밭길

첫 학기, 그
낯섦과 두려움

"수업 시간 내내 안경 쓴 학생 숫자만 세고 나왔다니까요!"

유학생 동료가 첫 학기, 첫 수업 시간을 떠올리며 한 말이다. 처음 들었을 땐 코웃음을 쳤다. 첫 학기 내내, 수업 종료 종소리와 함께 깊은 한숨 몰아쉬며 주섬주섬 책가방을 싸는 내 모습을, 그땐 미처 상상하지 못했던 것이다.
항상 그렇듯 처음은 기대 반, 긴장 반이다. 그런 마음을 품고 들어간 첫 수업은 '대수학' 시간, 내용은 '명제의 증명' 부분. 어렴풋이 고등학교 때 배운 내용이 다뤄지는 듯해서 내심 기뻤다. 반가움 마음은 애써 감춰두고 짐짓 아닌 척 허세도 부려봤다.

'아니 독일 대학교 수학 수준이 이 정도밖에 안 돼?'

하지만 착각이었다. 시간이 흐를수록 수업 내용은 난해해지고 집중력은 흐트러졌다. 흩어진 마음을 다잡아보려고 머리를 흔들어보지만 한번 집 나간 정신은 쉽게 돌아오지 않았다.

배웠다고 생각했던 것도 그럴진대, 생소한 주제는 더 말해 무엇하랴!
대표적인 것이 '부기과목(Buchfuehrung)'. 지금까지 한 번도 접해본 적
없던 것을 독일어로 접하니 말 그대로 '깜깜'했다. 수업 시간에 앉아
있는 것이 오히려 시간 낭비라는 생각마저 들었다.
'나만 못 알아듣나?' 싶어 중국 유학생들을 곁눈질해보니, 그들 역시
시선만 교수에게 고정해 놓고 있을 뿐, 딱 봐도 영혼은 가출상태다.
이러고 있는 게 나만은 아니라는 생각은 의외로 큰 위로가 되었다.

유학생활 첫 학기는 전공과목 혹은 책과의 싸움이라기보단
전공단어와의 싸움이었다. 전공 책은 거의 단어장으로 도배되다시피
했고 책 한 장을 이해하는 데 족히 1시간 이상 걸렸다. 교재 하나 제대로
볼 만큼의 실력도, 시간도 없으니 새로운 공부전략이 필요했다.
그중 두 가지, 위붕(Übung, 연습)과 토토리움(Tutorium, 보충수업)은 학업에
큰 도움이 되었다. 위붕은 일종의 예시 문제를 통한 내용정리 시간이다.
담당교수 밑에 박사과정 조교들이 교수가 한 주간 진행한 강의내용을
요약하여 설명해 준다. 토토리움은 성적이 우수한 선배들이 시간당
보수를 받고 진행하는 문제 풀이 시간이다. 한 과목을 많게는 서너 명이
진행하는데 '잘 가르친다'는 입소문이 나면 그 시간은 발 디딜 틈이
없을 정도로 붐빈다.
그렇게 지식은 선·후배 사이에 가르침과 배움으로 이어져 참여하는
모두가 윈윈하는 시간이 되었다.

교수님의
융통성 없는 충고

'시험면제 과목: 경제학 개론'

편입학 문의에 대한 교무과의 회신내용이다.
유학생의 편입시험과 규정은 학교마다, 그리고 학교 안에서도 학과마다 다르다. 경제학과의 경우 편입시험이 따로 없고 같은 계열의 학사학위를 가진 경우, 4학기 편입이 가능하다. 4학기 편입이란 대학 과정 필수과목 12개 중 8개 교과에 대한 시험면제를 의미한다. 하지만 본국에서 대학을 졸업하지 못했거나, 학사학위가 있어도 이곳에서 전공을 바꾸면 처음부터 다시 시작해야 한다. 내 경우는 후자였다. 사범대학에서 배운 것을 전공으로 내세우기 모호한 탓에 학점인정을 받을 수 없었던 것이다. 이런 편·입학 규정 앞에 물러설 수는 없었다. 그래서 대학 때 배운 경제학 관련 7개 교과에 대한 학점인정(시험면제)을 신청했다.

얼마 후 교무과로부터 편입신청에 대한 결과가 날아왔다. 거기에는 단 한 과목, '경제학 개론'만 인정해 주겠단다. 쐐기를 확실히 박은 것이다. 하지만 주어진 휴직 기간 안에 공부를 끝내고 싶은 마음이 간절했기에 학과장을 직접 만나 담판을 짓기로 마음먹고 그의 연구실 문을 두드렸다.

그 자리에서 대학 때 나름 잘나가던 성적표를 들이밀었다. 거기에 교사 경력 10년 6개월, 그것도 고등학교에서 경제 과목을 가르친 사실을 운운하며 경제학 7과목에 대한 시험면제를 요구했다.

"처음부터 다시 공부하세요. 나중을 위해 그게 좋을 거예요."

'아니, 내가 대학에서 들은풍월과 받은 점수가 얼마인데… 게다가 학교에서 가르친 경력이 있는데 이 정도밖에 인정을 안 해줘?'
나름 먹힐만한 카드라고 생각했다. 하지만 담당교수의 원칙은 조금도 흔들리지 않았다. 전공이 다르기 때문에 인정할 수 없다는 것이 첫 번째 이유였고, 대학 졸업 후의 공백 기간이 너무 길다는 점을 또 하나의 이유로 들었다. 이미 배운 내용이라고 해도 독일어로 개념을 다시 익히는 것이 나중의 학업 진행을 위해 낫다는 말로 오히려 나를 설득했다.

그런 교수의 말이 그 자리에서 내 귀에 제대로 들릴 리 없었다. 이 사회는 왜 이리 융통성이 없는지 오히려 답답하기만 했다. 하지만 교수와 학교의 이런 의견을 받아들이는 방법 외에 다른 길은 없었다.

자율, 어색함과
부담스러움으로 다가오다

어쩌면 우리 세대는 '대학 생활'에 대한 환상을 이렇게 꿈꿨을지도 모른다. 파마를 시작으로 자유로운 클럽 출입, 술과 흡연에 대한 제재로부터의 자유 등등. 생활적인 면에서의 구속이 참 많았던 시대를 살아왔기 때문일 터.

이런 생활적인 것 말고 캠퍼스 안에서 '대학생만 되면…'이라는 가정 뒤에 붙는 희망 중 하나는 수업 선택권이다. 어깨너머 보고 배운 대학생의 하루, 이를테면 '듣고 싶은 수업만 골라 듣는다', '시작도, 끝도, 내 맘대로'와 같은 자유로운 학업 얘기는 '50분 수업, 10분 휴식'에 매인 고등학생들에게 환상을 키우기에 충분했다.

하지만 현실은 어떠한가? 일탈에 가까운 자유를 꿈꾸는 시간표는 세상에 존재하지 않음을 바로 체험하지 않았던가! 조교가 짜주거나 이미 짜여 있는 시간표에 또다시 맞춰야 하고, 교육과정과 관련된 일은 학과 대표를 통해 전달받거나 학과 사무실에서 챙겨주는 도움 없이는 안 되는, '허울뿐인 자유'. 우리는 그런 자유를 누려왔다.
독일의 대학교육은 말 그대로 전부 '네가 알아서'이다. 대학 생활의 모든 것은 본인이 설계하고 모든 책임도 당연히 본인이 져야 한다. 그래서 입학 한 주 전에 개최하는 '학과 설명회'는 대학 생활의 존폐를 결정하는, 그야말로 '생명줄'과도 같다. 여기서 각 과정에서의 이수 과목, 학기 제한과 시험 규정 등의 정보를 상세하게 파악할 수 있고 이 정보를 근간으로 본인의 학업 계획을 알아서 세워나가야 한다. 경제학과의 교육과정을 설명하기 전에 잠깐 독일 대학의 학위제를 소개하고자 한다.

독일 종합대학교(Universität)에는 바첼로(학사) 학위가 없다. 대학을 졸업하면 석사 학위인 디플롬(사회·자연과학분야 학위)이나 마기스터(인문학분야 학위)를 받는 게 일반적이다. 하지만 세계화와 맞물려 국가 간 학제의 호환 문제와 학업의 장기화(10~14학기 이상) 등의 문제점이 대두되었고 이를 해결하기 위해 단일 고등교육제도 프로그램인 볼로냐 프로세스가 2000년대 초반부터 독일을 포함한 유럽에 도입되기 시작했다. 현재, 독일의 전통 학위제도인 디플롬과 마기스터 학위제도는 바첼로(학사), 마스터(석사) 시스템으로 2010년까지 거의 대체된 상황이다. 내가 다닌 대학도 2000년대 중반부터 학사과정이 생겼고 그런 과정에서 나는 디플롬 시스템의 막차를 타게 된 셈이다.

디플롬 학위제하에서 경제학과의 교육과정은 기본 과정(Grundstudium)과 본 과정(Hauptstudium)으로 나뉘며 기본 과정에서 80학점을, 그리고 본 과정에서 120학점(석사논문 20학점 포함)을 이수해야 한다. 기본 과정의 이수 과목은 12과목. 그중 미시경제, 거시경제 및 통계학은 10학점씩으로 기본과정 중에서 학점이 가장 높다. 한 주 기준, 6시간 수업에 4시간짜리 연습 수업(위붕)이 추가되기 때문이다. 본 과정의 과목은 25개이며, 여기에는 5개의 세미나가 필수 과목으로 포함된다.

학사 규정에서 긴장을 늦출 수 없는 이유는 기본 과정을 5학기 안에, 그리고 본 과정을 8학기 안에 마쳐야 한다는 조건 때문이다. 기본 과정을 5학기 안에 못 마치면 제적 감이고, 본 과정을 8학기 안에 못 마치면 이수한 과목들이 순차적으로 초기화된다. 즉 본 과정 9학기째에 접어들면 본 과정 첫 학기 이수 과목이 무효가 되어 재시험을 봐야 한다. 이러한 학사 규정과 조건을 염두에 두고 매 학기 시간표를 혼자 짜고 속도를 알아서 조절하며 학업을 진행해야 한다. 앞서 언급했듯이 한국에서 수동적인 대학 생활을 한 탓에, 갑자기 던져진 각종 규정과 빈 강의 시간표는 굉장히 생소하고 불안했다. 그때 처음 느꼈다. '자율이라는 것이 얼마나 어색하고 부담스러운 것'인지.

대학 생활에서 여유나 낭만을 느낄 짬이 없었던 이유 중 또 다른 하나는 교양 과목이 없다는 점이다. 대학 1학년에 주로 개설된 교양 과목이 독일 대학에는 존재하지 않는다. 학업에 필요한 교양은 중등교육과정에서 이미 갖추고 온 것으로 여긴다. 결론은 1학년 때부터 시간표를 전공 과목으로 꽉꽉 채워야 한다는 것이다. 물론 여유 있는 학생은 타과에서 본인이 관심 있는 내용을 청강할 수 있지만 학점인정과는 무관하기에 타과 수업을 듣는 것은 그야말로 머리 좋은 학생이나 여유 있는 학생들이 누릴 수 있는 호사일 뿐이다.

유학 성패의 요인
'말, 말, 말'

"비비테?"(Wie bitte?, 다시 한 번 말해 줄래?)

독일 친구들이 미간에 내 천(川)자를 그리고 이렇게 '비비테'로 다그치면, '문법이 틀렸나?', '관사를 잘못 썼나?', '발음이 이상한가?', '아니면 억양이?'

자꾸 그런 식으로 당황하고 겁먹게 되면, 동공은 심하게 흔들거리고, 하고 싶던 말은 어느새 목구멍 속으로 기어들어 간다.

독일 학생들과의 대화는 이곳을 떠나올 때까지 그렇게 나를 긴장하고 주눅 들게 했다. 이런 면에서는 중국 유학생들과 얘기하는 것이 훨씬 편하다. 그들과 얘기할 때는 관사의 격변화를 생략해도, 억양이 틀려도 부담이 없다. 단어 몇 개만 들어도 상대가 무슨 말을 하고자 하는지 금세 감을 잡을 수 있기 때문이다. 서로가 서로의 처지를 너무 잘 알기에 가능한 일이다.

유학생의 영원한 난제, 역시나 언어다. 외국인이 현지인의 말을 100% 이해한다? 그 말은 100% 거짓말이다. 십 년을 넘게 살아도 이해와 표현력이 그들과 같을 수는 없다. 살아온 문화와 정서가 다르기에 그들을 완전히 이해하는 것은 애당초 무리다.

그럼에도 불구하고 유학의 성패는 외국어 실력에 달려있다. 여기에 한 가지 더. 모국어로 된 선수학습. 이것 역시 정확한 내용 이해를 위해 필요하다. 부족한 어학 실력에 선수학습이 없다면 공부는 배로 어려워진다. 때문에 대학 졸업 없이 유학을 오거나, 와서 섣불리 전과했다가는 유학 기간이 길어지거나, 아예 하던 공부를 접고 돌아갈 확률이 높다. 공부를 마친다 해도 좋은 점수로 졸업하기도 어렵다.

어학 실력을 쌓기 위해 이곳에서 선택한 것이 하나 있다면 바로 TV 시청이다. 어릴 적, 동네에 TV가 처음 들어온 것은 초등학교를 막 들어가면서이다. 당시 유행하던 미드는 '타잔'. 동네 꼬마들은 타잔 방영 시간이 되면 TV가 있는 집으로 몰려갔다. 나 역시 그 무리 중 하나였다. 그 모습 때문인지 얼마 후 부모님은 집에 TV를 들이셨고, 동네 친구들의 거점 구역은 우리 집으로 바뀌었다. 이 신선한 물건 앞에 한동안 절제없이 앉아 있는 모습이 불안하셨던지 아버지는 종종 이렇게 나무라곤 하셨다.

"텔레비전 끼고 살면 가난해진다."

하지만 유학 생활에서 TV 시청은 무죄다. 가난하게 산다는 아버지의 나무람에서도, 시간을 죽인다는 자책에서도 자유롭다. 텔레비전 앞에 있는 나는 지금, '공부 중'이기 때문이다. 하지만 것도 잠시다. 처음에는 '귀를 한번 터볼까!'라는 거창한 목표를 갖고 앉아보지만, 금세 조각처럼 잘생긴 남자 배우 혹은 예쁜 여배우에게 매료되거나, 이국적인 풍경에 빠져 버리기 일쑤다. 말을 배워보고자 했지만 드라마 하루 이틀 보는 것도 아니고, 극의 분위기로 대충 감을 잡기에 굳이 대사를 정확히 듣지 않아도 이해에는 큰 어려움이 없다. 그러다 '이러면 안 되지!' 하며 다시 마음을 추슬러 보지만 그 역시 오래 가지 못한다. 가끔 정말 알고 싶은 대사인데 이해가 안 되면, 같은 목표 하에 앉아 있는 남편에게 묻는다.

"저 배우 지금 뭐라는 거야?"

돌아오는 건 남편의 의미심장한 웃음뿐. 생각해보니, 언어 때문에 애먹는 건 그나, 나나 마찬가지다.

음식 앞에
권위 따위는 없다

대학교 안에 교수 식당은 따로 없다. 교수도 학생과 똑같은 식당에서 진열된 메뉴를 놓고 고민해야 한다. 먹는데 격식과 권위가 따로 없다는 얘기다. 한 가지 차이가 있다면 밥값이다. 같은 음식을 놓고 교수를 포함한 교직원은 학생 식사비의 두 배를 내야 한다. 그들에겐 시에서 받는 보조금이 없기 때문이다.

메뉴는 메인요리, 가령 스테이크, 돈가스, 생선가스 그리고 굴라쉬(Gulasch, 굵직굵직한 크기로 썰어진 쇠고기와 야채가 섞여 있는 독일식 찌개) 정도이고, 거기에 밥과 찐 감자, 샐러드, 감자튀김, 브로콜리, 채소볶음과 음료수 등을 추가할 수 있다.

가격은 메인요리가 학생 기준으로 2~3천 원 정도. 여기에 반찬을 하나씩 추가할 때마다 1,000원 정도의 추가 비용이 든다. 그렇게 합산한 독일 학생들의 한 끼 식사비는 평균 4~5천 원 선. 가난한 유학생은 메인요리 하나면 족하다. 밥은 집에서 싸 오면 그만이니까.

한국 유학생들의 밥상이 독일 학생들에 비해 초라해도 점심시간이 주는 기쁨은 남다르다. 그 시간이 주는 특별함 때문이다. 언어에 대한 스트레스에서 벗어난 대화가 가능하고, 유학 생활의 애환과 정보를 주고받으며 서로서로 위로하고 위로받는, 그야말로 절절한 '동포애'를 나누는 자리이기 때문이다.
점심 식사 후, 날이라도 좋으면 도서관 앞 벤치에 앉아 식당에서 못다 한 얘기들을 더 이어간다.

'그만 들어갈까?' 라는 말을 서로 미루면서 말이다.

저랑 춤추실 분?

학교 내에 밤 10시까지 불 켜진 곳이 딱 두 곳 있다. 하나는 물론 도서관이고 다른 하나는 학교 식당이다. 늦은 밤까지 도서관 불이 켜져 있는 거야 당연하지만, 식당은 무슨 일일까?

도서관 문이 닫히고 집으로 가기 위해 막차를 기다리노라면 어디선가 들려오는 음악 소리에 절로 고개를 돌리게 된다. 식당 창문 틈으로 댄스 리듬에 몸을 맡기는 학생들의 몸놀림 때문이다. 혈기 왕성한 청춘들이 공부하는 학생들보다 더 열정적으로 스텝을 밟고 있다. 남녀 쌍쌍이 어울려 때로는 우아한 왈츠를, 때로는 현란한 삼바 리듬에 몸을 맡긴다. 이런 모임 때문에 학기 초, 식당 한편에는 종종 이런 벽보가 나붙기도 한다.

'몸과 마음 다 건강합니다. 저랑 함께 춤추실 분 있나요?'

짝이 없는 대학생들의 구인광고이다. 각종 파티에 초대받았을 때 당황하는 일이 없도록 미리미리 준비해 놓자는 것이다. 이런 분위기를 어떻게 알았는지, 한 여학생이 유학을 오자마자 "춤을 배워야겠어요!"라고 해서 웃은 적이 있다. 이제 막 어학을 끝내고 전공 공부를 시작하는 찰나에, 마음은 벌써 졸업 파티에서 춤출 생각부터 하니, 그 친구를 귀엽다고 해야 할지, 순진하다고 해야 할지, 헛웃음만 나왔다.

한밤중까지 춤추는 학생들 얘길 하다 보니 '매일 모여서 놀기만 한다'고 오해할 수도 있겠다. 매일 모이는 건 맞지만 놀기만 하는 건 아니다. 독일 학생들은 그룹 스터디를 유독 좋아한다. 어릴 때부터 그런 공부 방법에 익숙해져 있기 때문이다. 학기 초나 시험 기간에 대학식당이나 대학 내 게시판을 보면, 'OO과목을 같이 공부할 학생을 찾습니다.'라는 광고가 자주 붙는 것도 이 때문이다.

강의가 끝나면 친구들끼리 삼삼오오 짝을 지어 수업과 연습 시간에 배운 내용을 놓고 서로 묻고 답한다. 휴게실, 식당, 도서관 등등 의자가 놓인 곳이면 어디든 이렇게 공부하는 학생들의 모습을 흔하게 볼 수 있다. 시험 기간에 도서관의 그룹 스터디룸이 시끌벅적한 것도 바로 이런 이유에서다.

주고받는 대화 속에 한쪽은 먼저 알고 있는 지식의 이해도를 다지고, 다른 한쪽은 늦게라도 친구를 통해 이해도를 높이며 곳곳에서 틈틈이 서로의 필요를 채워간다.

대학생활,
그 음지와 양지 사이

대학에 수업료가 없다. 박사학위를 받을 때까지 공짜다. 돈 때문에 교육권을 박탈당하는 일은 생기지 않는다. 이것은 유학생에게도 똑같이 적용된다.

대학등록금도 없지만 중산층 이하 대학생에게 지원되는 제도가 있다. 일명 '바펙'(BAföG, 교육지원금)'으로 불리며 매월 약 60만 원 정도(2016년 기준)를 해당 학생들에게 지원한다. 받은 지원금은 대학을 졸업하면 50%를 갚되, 성적이 20% 안에 들면 20%만 갚으면 된다. 이것은 부유한 학생들과 경쟁해야 하는 학생들의 불리한 조건을 걷어내는 국가적 지원과 노력이다.
일하면서 공부하는 학생들이 졸업 시기가 늦어지거나 학업에 전념할 수 없는 상황을 극복할 수 있는 환경을 만들어주자는 것이다. 바펙 외에도 정부와 정당 장학금, 종교단체 및 기업재단 장학금 등으로 학생들은 경제적인 걱정 없이 공부에 전념할 수 있다.

유학생의 경우, 학업 도중 생활비로 어려움을 겪을 땐 국가의 지원을 받을 수 있다. 지원 자격은 생활비를 직접 벌며 공부하는, 대학과 대학원 졸업 시험(논문)을 앞둔 학생에 해당한다. 지원금은 매달 50만 원 정도이며 대학과 대학원 과정에서 6개월씩 나눠 받는 게 보통이다. 이것은 공공부조의 성격을 띠어 나중에 상환할 필요가 없다. 박사과정에 있는 유학생들도 박사 시험 준비 기간 동안 매달 80여만 원 정도를 3개월간 지원받을 수 있다.

이러한 무상교육의 흐름이 독일 통일 이후 발생한 경제불황 앞에 살짝 꺾이기도 했다. 몇몇 주(州)에서 한 학기에 70여만 원 정도의 수업료를 걷기 시작했고 치과대학에선 수업 시간에 쓰는 연습용 재료를 학생이 직접 구매해야 했다. 하지만 경제 사정이 호전되면서 다시 원래의 무상교육으로 돌아섰다.

'공짜 교육'에 양면성이 왜 없으랴! 재학 기간 내내 경제적 부담이 없다 보니 가방끈이 길어진다는 점이다. 아는 독일 친구는 경제학과를 3년 다니다 제적당하고 교육학과로 전과해 대학 생활만 10년째이다. 또 다른 친구는 취업을 결정하는 졸업시험을 계속 미루고 있다. 그런 탓에 학교 내에 학생인지 교수인지 구분하기 힘든, 나이 든 학생들이 종종 눈에 띄기도 한다.

2006년부터 무상교육이 국가경쟁력의 약화를 가져왔다는 문제 제기가 본격화되기 시작했다. 교육의 선순환이 이루어지지 않는다는 말이다. 이런 여론이 팽배해지자 독일 정부는 국가경쟁력 제고 차원에서 특성화 대학을 지정하여 집중적으로 지원, 관리하고 있다.

혜택 받는 학생이야 여유 있게 대학 생활을 즐길 수 있지만 계산기를 두들겨야 하는 정부의 처지에서는 애가 탈 일이다.

퇴근이 뭔가요

"주말에 출근하는 이유가 아이들 때문인가요?"

큰아이 친구 아빠인 통계학 교수님. 그에게 주말은 없다. 주말에도 늘 학교에서 생활한다. 이런 그에게 사석에서 해본 질문이다. 그는 갓 태어난 아기를 포함해 세 아이를 두고 있기에 한적한 연구실이 집보다 편할 수 있다고 생각했다. 하지만 그의 대답은 의외였다.

"학문 세계에도 경쟁이 심해요. 연구하지 않으면 낙오됩니다."

독일의 교수 임용 조건은 박사학위를 받은 후에 하빌리타치온(Habiltation, 교수자격논문), 즉 '하빌리' 과정을 통과하는 것이다. 이 조건을 갖췄다해도 바로 교수로 임용되는 것은 아니다. 하빌리 자격을 부여한 대학에서 프리바트도첸트(Privatdozent, 하빌리 과정을 통과한 강사)로 4~5년 정도를 일하며 그 기간 동안 교수 공채에 응모하는 구직 활동을 하는 게 보통이다. 하지만 하빌리를 한 대학에 바로 교수로 임용할 수는 없다. 이것은 대학의 오랜 불문율이다. 구직을 통해 타 대학의 교수로 임용되었다가 그 이후에 하빌리를 한 대학으로 옮길 수 있다.

연구자의 업적이 해당 학계에서 검증을 거칠 시간이 필요하다는 취지에서 시행되는 관행이다.

교수의 수입은 비센샤프트(Wissenschaft, 학문)의 첫 글자인 W1부터 W3까지로 구분되며 그 중 W3이 가장 높은 단계에 해당한다. 보통 W2와 W3의 그룹에는 다른 학교에서 루프(Ruf, 초빙)를 받거나 특별 연구 혹은 후배양성에 두드러진 업적을 보인 교수들이 해당된다.
이러한 교수의 호봉체계 때문에 이곳 교수들은 수업 준비뿐만 아니라 연구에 몰입하고 그 성과물을 학기마다, 또는 해마다 다양한 국내외 학술지에 기고하기 위해 노력한다. 전국 경제학 교수 랭킹 Top 10에 들기 위해, 나아가 학문적 업적과 성과를 노벨상으로 보상받기 위해 주말까지도 연구실에서 불을 밝히는 것이다.

뼈를 찌르는
시험 문제

독일 대학엔 없는 것이 꽤 있다. 수업료는 물론이고 수강 신청도 없다.(대학원 과정 세미나 수업만 빼고) 수업을 듣고 싶으면 해당 강의실을 찾아가 들으면 그만이다. 같은 맥락에서 아이러니한 게 하나 더 있다. 바로 '출석 체크'다. 강의 시간에 출석 체크를 따로 하지 않는다. 강의를 듣고 안 듣고는 100% 자율에 맡긴다.

하지만 시험은 다르다. 시험을 보려면 정해진 시험응시 등록 기간에 꼭 신청을 해야 한다. 학교에선 인터넷 접수를 토대로 시험 당일 시험장과 자리를 공지한다. 그리고 시험 시작과 함께 학생증으로 본인 여부를 꼼꼼히 확인한다.

경제학과의 봄 학기는 3월 중순쯤 시작돼 7월 초에 마무리된다. 중간고사가 따로 없는 데다 한 주에 한 과목 내지는 두 과목 정도의 시험 일정이 잡히기 때문에, 7월 한 달이 시험 기간인 셈이다.

시험 기간이 돌아오면 날씨 얘기를 안 할 수 없다. 먼저 일조량. 독일은 한국보다 평균 일조량이 30% 정도 적다. 북부 독일의 경우 겨우내 해가 떠 있는 시간이 하루에 두 시간이 채 안 된다. 거기다

잦은 겨울비와 비바람까지 감안하면 그들이 여름 볕에 웃통을 벗어젖히고 흥분하는 것은 어찌 보면 당연하다. 그런데 문제가 있다. 여름이 아주 짧게 지나간다는 것이다. 8월 중순만 넘어가도 일조량이 확 줄어든다. 그래서 그 여름을 조금이라도 더 즐기고자 시내 곳곳의 공원과 가정집 정원에선 그릴 파티가 주말은 물론이고 평일에도 자주 열린다.

그렇게 온 동네와 시내가 들떠있는 그 시각, 누군가는 도서관에 갇혀 시험 준비에 진을 빼야 하니 이 얼마나 불공평한가! 물론 학생들도 예외는 아니다. 한창 볕이 좋으면 도서관 자리 역시 텅텅 빈다. 여름 볕의 유혹을 견디지 못한 청춘들이 도서관 밖으로 뛰쳐나간 탓이다. 문제는 그런 악조건을 견디고 시험장에 들어서도 가끔 돌발 상황이 발생한다는 사실이다. 공부는 분명 한 것 같은데 손을 댈 수 없는 그런 상황 말이다.

학과 홈페이지에는 보통 5회 정도의 기출문제가 올라온다. 기출문제를 모두 풀어도 문제는 해마다 어찌 그리 다양한지! 수학이나 통계처럼 계산 문제가 많은 과목은 그나마 낫다. 하지만 이론 과목의 경우 시험 문제의 해석 혹은 출제자의 의도 파악이 안 될 때가 문제이다. 유학생에게 모국어로 된 사전 반입을 허용하나 그것도 한때일 뿐. 어느 순간부터 사전이 소용없음을 알게 된다. 시험장에서 사전을 뒤적일 만큼의 시간적 여유가 없는 데다 전문용어사전이 아니면 별반 도움이 안 되기 때문이다.

결국, 머리 터지도록 외우고 문제를 풀고 들어가도 시험 질문조차 이해 못 해 얼굴은 창백해지고, 초조함으로 애꿎은 시계만 자꾸 쳐다보다 초점 풀린 눈동자로 시험 감독관과 마주치기라도 하면… 오해받기 딱 좋은 상황이 연출된다.

그런 곤욕을 치르고 시험장을 나서면 그때부터 꼬리에 꼬리를 무는 의문들로 다시금 몸살을 앓는다. '문제를 정확히 이해한 걸까?', '더하기 빼기는?', '채점하는 조교가 내가 쓴 독일어를 제대로 이해할까?' 등등.

시험이 끝나도 끊이지 않는 질문과 불안함으로 노트와 책을 뒤적이며 확인에 확인을 거듭해 본다. 시험장에서 다 쏟아붓지 못한 아쉬움도 있지만 시험이 끝남과 동시에 시작되는 결과에 대한 불안감 때문이다.

결과가 발표될 때까지 그렇게 머릿속은 정리되지 않고 속은 시끄럽기만 하다.

졸업,
꽃길 아닌 가시밭길

'한 과목 시험을 세 번씩이나?'

기본과정에서 가장 두려웠던 과목이 거시경제(Macroeconomics)이다. 거시경제 시험은 40점짜리 서술형 문제 1개에, 10점짜리 주관식 문제 서너 개, 그리고 O, X 문제(10문항, 각 2점)로 구성된다. 물론 서술형 문제가 제일 중요하다. 질문의 초점을 잘못 맞추면 40점이 그냥 날아가 합격은 물거품이 되고 만다.

그렇다고 다른 문제들은 만만하냐? 그것도 아니다. 채점 방식은 왜 이렇게 독특하고 살벌한지! O, X 문제는 틀리면 무조건 감점이다. 섣불리 찍었다가는 남는 점수가 없게 된다. 예를 들어, 2점짜리 10문제 중 다섯 개가 맞고 다섯 개가 틀리면 빵점처리 된다. 확실한 답이 아니면 찍지 않고 넘어가는 게 상책이다.

거시경제의 공포는 낙제율을 통해서도 잘 드러난다. 다른 과목의 낙제율이 40~50%에 달한다면 이 과목의 경우는 거의 60%에 이른다. 그 때문에 어떤 유학생도 이 시험을 한 번에 통과하는 경우는 드물다.

그야말로 살 떨리는 살벌함이 기본과정에 존재한다. 낙제가 두려운 진짜 이유는 제적으로 이어지기 때문이다. 학칙에 따라 5학기 안에 12개의 필수과목을 이수하지 못하면 자동 제적이다. 5학기 안에 12과목 통과. 쉬워 보이지만 앞서 언급한 낙제율을 고려하면 가시밭길이다.

과목당 시험 기회는 2번으로 제한되어 있다. 단, 한 과목에 대해서만 3번까지 응시할 기회를 준다. 만약 이 기회를 잃으면 상황은 복잡해진다. 시험전략과 학업 계획을 처음부터 잘 짜야 하는 이유가 바로 여기에 있다.

실제로 경제학과의 경우, 기본과정에서 본 과정으로 넘어가는 도중 절반 이상이 탈락한다. 제적을 당하면, 말 그대로 더는 그 학교에서 같은 전공으로 공부할 수 없다. 다른 주로 학교를 옮기거나, 교내에서 전공과목을 바꾸어야 한다. 특히 유학생이 기본과정에서 제적을 당하면 더이상 독일에 있는 6년제 종합대학(Universität)의 경제학부에서 공부할 수 없다. 경제학을 공부하려면 전문대(Fachhochschule)를 알아봐야 한다.

제적이 주는 의미는 이참에 본인의 적성을 다시 한 번 생각해보라는 뜻이다. 공부 자체가 적성에 맞는지, 아니면 그 과목이 본인과 맞는지의 여부를 판단해 시간을 낭비하지 말라는 것이다. 이런 시험 규정 때문에 기본과정 내내 불안한 마음을 떨칠 수 없었다. '아차' 하다간 곧 제적 감이기 때문이다.

이러한 높은 낙제율은 어디서 오는 것일까? 학생들이 공부를 안

해서? 결코 아니다. 등록금이 없다는 것은 그만큼 평가와 점수의 냉혹함과 잔인함이 존재함을 보여준다. 국가와 사회에서 요구하는 수준이 안되면 사회에 내보내지 않겠다는 국가의 확고한 의지다. 이미 중학교부터 걸러지고 선택된 그들에게 대학원 과정까지 무상교육을 하는 점을 고려하면, 이것은 당연한 요구일 수 있다.
그래서 독일의 고등교육 이수율은 OECD 평균치(42%, 2016년 OECD 교육지표)보다 낮다. 실제로 체감한 숫자는 이보다 더 낮다. 큰아이 반 25명의 학부모 중, 한 명이라도 대학교를 졸업한 경우는 우리 부부를 제외하고 7~8명에 불과했다. 독일 같은 선진국에 대졸자가 이렇게 적다니… 이해하기 힘든 부분이었다.

졸업도 졸업이지만 그에 못지않게 점수관리도 중요하다. 성적이 나쁘면 대학을 나와도 취직할 곳이 없다. 그래서 졸업과 졸업시험 앞에 고민하며 헤매는 청춘들이 많다. 입학은 쉽지만 졸업이 어려운 독일 대학의 현주소다.

세미나 칭찬나네~

대학원의 꽃, 세미나 수업.
세미나 수업 참여 인원은 30명으로 제한되어 있다. 하지만 세미나 참여는 생각보다 쉽지 않다. 신청에 조건이 붙는 데다, 인기 있는 세미나는 경쟁도 심하기 때문이다. 대부분 세미나는 참여 전에 요구하는 이수 과목이 있다. 이 조건이 채워져도 참석 여부는 미지수다. 경쟁률이 높은 세미나 수업은 시험 성적까지 반영하여 참여 여부를 결정하기 때문에 어중간한 점수를 받은 유학생들에게 유명 교수의 세미나 참여는 '언감생심'이다.

세미나 참여 여부가 결정되면 주어진 주제로 보고서를 작성해야 한다. 세미나 주제는 인터넷상에 올려진 10여 개의 소주제 중 하나를 선택할 수 있다. 학생 의사를 고려하지만 한 주제에 신청자가 몰리면 담당 조교가 상황을 조율한다. 보고서 분량은 15쪽(참고 문헌 제외)이며 주어진 기간(보통 두 달) 안에 작성해야 한다. 작성 후 교정까지 받아야 하는 유학생들에게는 시간적 압박이 또 하나의 스트레스이다. 독일 학생들보다 최소 한 주 전에 쓰기를 마쳐야 교정을 맡길 수 있기 때문이다.

세미나는 신청 학생들이 작성한 보고서 발표 형식으로 진행되며 지도교수와 박사과정의 조교가 함께 진행하는 것이 보통이다. 여기서 조교는 주제를 조율한 뒤 정해진 날짜에 목차를 한번 검토해 준다. 이런 사전 작업은 더욱 알찬 세미나의 진행을 위한 준비과정이다. 이 과정을 통과해야 보고서를 작성할 수 있다.
보통 2~3명이 같은 주제를 가지고 보고서를 작성하지만 보고서 제출일까지 누가 무슨 주제로 쓰는지는 공개되지 않는다. 보고서를 제출하면 그제야 같은 주제로 보고서를 쓴 학생들의 명단이 공개된다. 명단 공개 후 해당 학생들끼리 만나 발표할 분량을 나누고 함께 연습에 들어간다.

한 주제에 대해 주어진 발표 시간은 30분. 세미나 참여 인원이 많으면 발표 분량이 그만큼 쪼개지기 때문에 부담이 줄지만, 간혹 인원이 적은 세미나는 혼자 그 몫을 감당해야 한다. 발표는 대부분 주말을 이용해 1박 2일 일정으로 진행되지만 타이트한 교수는 매주 1회씩 꼬박꼬박 세미나를 개최하기도 한다.
세미나에서 좋은 점수를 받으려면 영어 실력이 있어야 한다. 영어로 진행되는 세미나가 많은 데다 세미나에서 다루는 주제들이 국제 경제 학술지에 영어로 실린, 따끈따끈한 최신판 논문들이 많기 때문이다.

탈락한 첫 세미나,
납득할 수 없는 결과

"투트 미어 조 제어 라이트(Tut mir so sehr leid, 유감스럽다)."

'아니, 이게 유감스럽다며 넘길 문제냐고?'
조교수(Junior Professor)가 내 항의에 건넨 답변이다.

신청도, 진행도, 통과도 까다로운 세미나 수업. 그 첫 번째 세미나 수업은 보기 좋게 떨어졌다. 이 수업은 룩스(T. Lux) 교수가 진행하는 세미나였다. 그는 독일 경제학에서 금융을 물리학과 접목시켜 이론을 발전시킨 이 분야의 신 개척자이다. 명성에 걸맞게 그가 진행하는 세미나는 어렵고 진행방식이 까다로워 학생들이 꺼렸다. 먼저 이 교수가 진행하는 세미나 수업은 박사 논문 분석으로, 초급이 아닌 고급 세미나인 데다가, 주제발표 외에 소주제를 하나 더 부과하기 때문에 독일 학생들조차 이 세미나는 피해가고 싶어 했다.

이러저러한 부담과 소문으로 참여율이 낮다 보니 다른 세미나와 달리 참여에 어떤 조건을 붙이지 않았다. 점수 제한도, 세미나 참여 전에 이수해야 할 과목도 없었다. 그럼에도 불구하고 세미나 자리는 항상 남아돌았다. 결국 갈 곳 없는 유학생들, 그중 중국 학생들이 이 세미나 자리의 3분의 1 이상을 채우고 있었다.

찬밥 더운밥 가릴 상황은 아니지만, 참여를 놓고 고민을 했다. 어렵다는 말도, 점수가 짜다는 말도 지겹도록 들었다. 하지만 선택의 여지가 없었다. 비어있는 세미나 자리가 흔치 않기 때문이다.
어쩔 수 없이 선택하게 된 이 세미나에서 내게 부여된 주제는 '주가 예측 공식 분석'이었다. 보고서 제출 마감일이 임박했지만 예상대로 분석은 고사하고 논문 내용조차 제대로 파악하기 어려웠다. 결국 '짜깁기와 베끼기 신공'에 의지할 수밖에. 각주나 과정 분석 없이 논문 내용을 이해한 대로 부분부분 요약해서 제출했다. 하지만 발표까지 그렇게 할 수는 없었다. 학생들과 교수 앞에서 공개적으로 망신을 당하고 싶진 않았다. 발표 한 달 전부터 공식 분석을 위해 물리책과 수학책을 들쳐보며 찾고 또 찾았다. 천신만고 끝에 공식 도출에 필요한 과정을 알아냈다. 발표 준비에 가속이 붙고 자신감도 생겼다.

'보고서야 기한 내에 제출했으니 됐고, 이해력은 발표 때 보여주면 되겠지.'라는 생각으로 안도의 숨을 내쉬며 준비에 돌입했다.
발표 당일! 시간제한 30분을 초과하며 나름 열심히 설명했고 교수도 이런 열정적인 설명에 흐뭇한 표정으로 연신 고개를 끄덕였다. 교수가 던진 세 개의 질문 중 두 개에 대해선 정확하게, 그리고 자신 있게 답변했다. 교수 역시 만족해하는 눈치였다. 발표를 마치고 나니, 은근 점수가 기대되었다. 이미 이 과목을 이수한 중국 친구들은 대부분 4점을 받았다고 했다.

'풋, 이 정도면 그들보단 좋은 점수를 받겠지.' 싶었다. 그런 자신감에 충만했던 나는 이 세미나에서 보기 좋게 떨어졌다.

세미나 점수를 인터넷으로 확인한 순간, 결과를 도무지 믿을 수 없었다. 곧바로 이의를 제기하러 조교수 연구실로 향했다. 얼마나 억울하고 믿기지 않던지! 그동안 세미나 준비를 위해 투자한 시간과, 발표를 위해 쏟았던 정성을 생각하니 억울해서 눈물이 날 정도였다. 세미나 진행을 보조했던 조교수는 "당신이 쓴 세미나 보고서는 전혀 형식에 맞지 않다."는 말로 입을 떼었다. 서론도, 결론도, 공식도출 과정도, 각주 표시도 전혀 없다는 것이다. 평가 반영비율이 50%인 보고서가 형편없으면 발표를 잘해도 점수를 줄 수 없다는 것이 교수의 의견이었다.
그래, 인정한다. 서론을 쓰지 않고 결론도 내리지 않았다. 주제가 수학 공식도출인데 굳이 서론, 결론을 나눌 필요가 없다고 생각했다. 이해가 안 되는 과정을 또 어떻게 적어내랴!

부록이라는 것을 사용할 줄도, 각주 다는 법도 그때까진 몰랐다. 이런 게 다 감점이라는 사실을 그제야 알았다. 각주 없는 인용은 학문 세계에서 사형죄에 해당한다는 것도 그 자리에서 처음 알았다. 물론 그 전에 중국 친구들이 쓴 보고서를 보긴 했지만, 그런 형식적 틀이 그렇게 중요할 줄은 상상도 못 했다.
그럼에도 싸울 여지는 하나 남아 있었다. 그건 세미나 진행 과정이다. 써낸 보고서가 형식에 맞지 않다면 애당초 받지를 말든지, 형식에 맞춰 다시 써오라고 하든지, 아니면 아예 발표를 포기하라고 진작 말렸어야 했다. 하지만 교수는 말 한마디 해주지 않았다. 다른 조교들처럼 중간에 목차를 봐주지도 않았고, 보고서를 제출할 때 검토해 주지도 않았다.

구 유고슬라비아 출신에, 미국에서 박사학위를 받고 온 사람이라 독일의 세미나 진행 과정을 모른 탓인지, 아니면 원래 게으르고 성의 없는 사람인지는 알 수 없었다. 치밀어 오른 화를 애써 누르며 그에게 조곤조곤 다시 따져댔다.

"보고서의 목차 정도를 확인해 주는 것이 당신 역할 아닌가요? 보고서를 검토해서 발표 여부를 알려주는 것 또한 당신 역할 아니냐고요?"

이런 항변에 그는 "유감스럽다(Tut mir sehr leid)."는 말만 되풀이했다.

학사 규정에서 요구하는 모든 학점을 채우고 구두시험까지 통과하면 논문 학기에 접어든다. 졸업논문은 2개월과 6개월짜리 논문 중 선택할 수 있다. 그중 두 달짜리 논문은 준 시험과도 같다. 지도교수 선택만 제외하고 학생에게 주어지는 자유(주제선정 및 기간설정)는 없다. 논문 기간과 주제 모두 학교에서 결정한다.

논문 주제는 논문 시작일 첫날 공개된다. 그러면 그날부터 정확히 두 달 안에, 정해진 분량만큼을 써내야 한다. 그 양에 넘쳐도, 부족해도 안 된다. 이에 비해 6개월짜리 논문은 주제를 본인이 정할 수 있다.

또 시작 시점도 학생 스스로 결정한다. 하지만 2개월짜리에 비해 두 배의 양을 써내야 한다.

어느 것 하나 쉬운 것은 없지만 그 결정은 본인 몫인 셈이다.

쿨한 셀프 졸업식

독일 사람들은 의식을 별로 좋아하지 않는다. 있다 해도 그다지 요란스럽지 않다. 그래서일까? 대학에는 입학식도, 학번 모임도 따로 없다. 있다면 한 학기에 한 번 정도 있는, 학번을 초월한 과 모임 정도? 게다가 이수 교과와 학업 진행 속도가 저마다 다르기 때문에 학번의식 또는 동기로 표현되는 연대감은 한 번 더 낮아진다. 탁월한 그룹은 학업 진행 속도가 남달라 몇 학기 앞서기도 하지만 그렇지 못한 그룹은 몇 번의 낙제를 통해 뒤처지는 경우가 발생한다. 그러다 보니 입학 동기가 꼭 졸업 동기가 되지는 않는다. 그래서 '동기'라는 단어와 그 단어가 갖는 연대 의식은 이곳에서 그렇게 중요하지 않다.

졸업식을 얘기하기 전에 성적표 얘기를 덧붙이고자 한다. 이곳에선 성적표를 본인이 직접 발품 팔아가며 하나하나 챙겨야 한다. 교육과정을 중앙에서 일률적으로 통제하지 않기 때문에 본인이 합격한 과목에 대한 성적표를 해당 과목 교수의 비서실에 가서 일일이 찾아야 한다. 합격증을 찾는 일이기에 즐겁긴 하지만 여간 번거로운 일이 아니다.

졸업장도 마찬가지이다. 그 또한 개인이 알아서 챙겨야 한다. 학칙이 정한 학점을 모두 이수하고 나면 졸업증을 개인이 직접 신청하게 되어 있다. 해당 서류는 그것을 증명할 이수 교과목의 성적표가 전부이다. 이것을 학사지원과(Prüfungsamt)에 제출하고 졸업 신청을 하면 그만이다. 졸업식은 기대도 않지만 학과장의 졸업장 수여, 뭐 그런 것도 따로 없다. 이것도 대학마다, 같은 대학이라도 과마다 차이가 있다.
졸업 증명 신청 후, 두 달 정도 지나면 졸업증서가 나왔다는 통보가 오고, 학사지원과에서 졸업증서를 찾으면 그만이다.

세상에서 가장 쿨한 졸업식이 그렇게 내 손으로 직접 거행되는 것이다.

독일 부모들은 장소에 구애받지 않고 자녀들에게 책을 읽어준다.
그곳이 공원이든, 병원의 대기실이든, 버스 안이든 아랑곳하지 않는다.
끝없이 물어오는 아이의 궁금증에 대답하고 설명하느라 여념이 없다.
그리고 잠들기 전에 책 읽어 주는 것은 부모의 당연한 의무로 여긴다.

6장

독일문화,
예약과 잠금문화

경고장

친애하는 권씨 가족에게

아래층에 사는 이웃입니다. 권씨 가족이 한밤중에 일으킨 소란으로 잠을 잘 수 없었습니다. 두 번 다시 이런 일이 일어나지 않도록 주의하기 바랍니다.

― Frau Meier

마이어 부인은 아래층에 사는 할머니다. 독일에 온 지 꼭 일주일 만에 이분한테 편지를 받은 것이다. 독일에 도착한 첫날 밤 우리 가족이 일으킨 소란 때문이란다.

독일어에 까막눈인 내게 남편이 읽어 준 이 경고장에 문화충격을 제대로 받았다. 소란은 인정하지만 초면에, 그것도 편지로 주의를 촉구하는 태도는 머리와 가슴으로 이해하기 어려웠다. '아! 혼자 사는 외국인 학생에게 가족이 왔구나.' 뭐, 이 정도의 눈치는 없더라도, '이사 첫날이라 봐준다.' 정도의 아량은 있어야 하지 않을까? 이해하기 어려운 첫 경험이었다.

시간이 좀 지나면서 아이가 쓰는 유모차가 문제가 되었다. 내가 사는 연립주택은 엘리베이터가 없었다. 거기다 우리 집은 3층이다. 때마다 유모차를 들고 3층까지 오르내리는 것은 당연한 일. 하지만 힘이 부쳤다. 더구나 남편 없이 외출할라치면 더더욱 힘들었다. 그 문제로 고심하던 중 지하실로 내려가는 어귀가 눈에 띄었다. 그곳은 사람들이 자주 드나드는 곳이 아닌 데다 귀퉁이가 제법 넓어 유모차를 세워두기에 안성맞춤이었다.

그렇게 내 맘대로 유모차를 세우기 시작한 지 얼마가 지났을까? 익명으로 된 편지 한 통이 또 날아왔다.

친애하는 권씨 가족에게

유아차를 세운 곳은 12가구가 같이 쓰는 공용공간이니, 유아차를 그곳에 세워두지 마세요. 계속해서 주거 규칙을 안 지키면 세입자 공동회의를 열어 쫓아낼 수 있습니다.

주거 규칙? 세입자 공동회의? 이것들은 또 뭐란 말이냐! 그제야 부랴부랴 임대차 계약서에 적혀 있는 주거 규칙을 찾아보았다. 거기에는 아래와 같은 '안 됨' 예시로 가득 채워져 있었다.

1) 아침 8시 이전, 그리고 저녁 8시 이후에 세탁기를 돌리면 안 됨

2) 아침 8시 이전, 그리고 저녁 8시 이후 악기연주를 해서도 안 됨
3) 주말을 제외한 평일에 파티를 여는 등의 소란을 피워서도 안 됨

이곳 사람들은 이러한 규칙을 정해놓고 남의 권리를 침해하지 않으면서 자신의 권리를 지켜간다는 사실을 그제야 알게 되었다. 하지만 그런 이성적 깨달음은 나중 일. 당장은 섬뜩할 정도로 두려웠다. 먼저는 누구라고 밝히지 않으니 두려웠다. '이 사람은 그래도 내 편, 저 사람은 아닌 것 같아.' 뭐, 이런 최소한의 구분조차 안 되니, 함께 사는 이웃이 한 번에 두려움의 대상으로 다가왔다. 또한 누군가 끊임없이 우리를 감시하고 있다는 그 싸한 느낌 때문에 더더욱 두려웠다. 하지만 이렇게 당하고 있을 수만은 없었다. 전투에 앞서 최소한 적이 누군지는 알아야 했다. 그래서 남편과 함께 하나하나 따져가기 시작했다.

"아래층 할머니?"
"아니야, 그 할머니는 자기의 이름을 당당히 밝히고 편지를 보내잖아."
"그럼, 옆집 남자?"
"아냐, 아닐 거야. 그 남자는 만나면 웃으면서 인사는 하잖아?"
"그럼, 누구?"

이 풀리지 않는 숙제로 더 이상 이웃이 이웃으로 보이지 않았다. 그들은 우리의 감시자일 뿐이었다. 또 여럿이 의견을 모아 우리를

몰아내겠다는 의사표시는 하나의 겁박으로 느껴졌다. 문제가 있으면 이름 밝히고 당당하게 나설 것이지, 그렇게 익명으로 편지 써대고, 떼로 덤비겠다는 그들의 싸움방식이 불쾌했다. 독일어라도 잘하면 얼굴 맞대고 이해를 구하거나, 변명이라도 하고 따져볼 텐데, 그렇지 못하니 더욱 답답했다.

감시는 1단계에 불과했다. 어떤 날은 돌직구가 바로 날아왔다. 밑에층 할머니는 아이들이 조금만 뛰고 울면 난방기인 라디에이터를 두드렸다.(이곳은 라디에이터 관이 거실 쪽에 수직으로 연결되어 있어, 한 집에서 이 관을 두드리면 쨍쨍한 금속음이 전체 층에 그대로 전달된다.) 거기다 분이 안 풀리면 봉걸레 자루 같은 것으로 천장을 두드리며 조용히 하라고 소리까지 질러댔다.

그런 두려움과 불쾌감 속에서 '내가 꿈꿔왔던 독일이 이런 곳인가?', '독일 사람에게 인정이 있긴 한 건가?', '자기네보다 가난한 나라에서 왔다고 이렇게 무시해도 되는 건가?'라는 생각과 함께 독일에 대한 환상이 하나, 둘 깨지기 시작했다. 또 내 돈 내고 내가 사는데 왜 이리 간섭은 많은지, 그 또한 분했다.

하지만 적응하고 버티는 것 외에 달리 방법이 없었다. 결국 외출 후, 유모차를 3층까지 들고 다시 오르내리기 시작했고, 아이들에게 특히, 이제 걸음마에 재미 들린 작은아이에게 끊임없이 주의를 주어야 했다.

최강 마트 '알디'

"독일엔 거지(?)들을 위한 마트가 따로 있대요."

오래전 유학 준비를 하며 독일어를 배울 때 듣게 된 이야기. 지금은 유럽 다른 나라에서도 볼 수 있는 유명한 독일의 대형마트 '알디(Aldi)'라는 식료품점에 대한 정보였다. '거지들만 다닌다니…'. 그 별로인 느낌을 지닌 채 독일로 떠나왔다.

이곳에 정착해서도 알디 앞에만 서면 왠지 주눅이 들었다. '거지'라는 단어가 머릿속을 맴돌았기 때문이다. 하지만 직접 겪어보니 '왜 그랬을까?' 싶을 정도로 만족스러웠다. 그곳에는 서민들이 먹고사는데 필요한 기본적인 것이 다 있었다. 식료품과 농산물은 물론이고 옷가지, 이불, 주방용품 등 생활에 필요한 물건은 거의 판다고 보면 된다. 가격도 저렴하고 가성비도 뛰어나다. 이런 착한 가격의 비밀은 바로 회사의 경영전략에 있다.

알디는 독일 전국 체인망을 갖춘 중저가 마트 체인이다. 여기서 판매하는 상품들은 알디만의 브랜드를 갖고 있다. 즉, 알디에서만 살 수 있는 상품들이 대부분이다. 거기다 거의 '무명' 제품이다.

광고를 하지 않기 때문에 그만큼 저렴하다. 가격이 싼 것에 비해 품질은 크게 뒤지지 않기에 독일 서민들에게 인기 있는 회사로 자리매김하고 있다. 이렇게 초저가를 표방하는 알디는 독일 외에도 20여 개 국에 1만여 개의 매장을 운영한다. 알디의 실제 이용자가 되고 보니 '거지들만 다닌다'는 말은 심하게 와전된 것 같다. 아는, '좀 사는' 독일 주부는 가격과 품질을 일반 다른 식료품점과 꼼꼼히 비교한 후, 더 나은 상품이 있으면 꼭 알디에서 산다. 예를 들어, 휴대용 포켓 화장지. 이건 알디 제품이 최고다.

알디 생각을 하니 유학 시절의 쇼핑, 그 일련의 고민과 선택의 시간이 떠오른다. 사실 말이 쇼핑이지, 대부분 생존과 직결되는 생필품이 쇼핑대상이기 때문에 그만큼 생각도 많고, 재기도 많이 재게 된다.

일단 쌀. 독일 쌀은 끈기가 없고 쌀 모양도 형편없다. 그런 쌀로 밥을 지으면 꼭 싸라기밥 같다고나 할까. 어쨌든 독일 사람에게 쌀의 품종과 질은 그리 중요한 것 같지 않다. 그들에게 밥은 빵 대용일 뿐이다. 조리법도 그리 많지 않다. 흔한 게 '밀히라이스(Milchreis)'다. 쌀에다 물 대신 우유를 넣어 밥을 짓고, 거기에 고명으로 잼을 올려 비벼 먹는 정도? 한국인인 내가 이런 느끼한 조리법과 쌀에 적응될 리 만무하다. 결국 더 나은 쌀을 찾기 위해 '술탄막(Sultanmarkt, 아랍식료품 가게)'을 이용한다. 술탄 가게에서 파는 쌀은 좀 통통하고 끈기가 있어 밥을 해놓으면 그나마 '밥 같다'는 느낌이 들기 때문이다. 그리고 김치, 고춧가루 정도만 모국에서 지원받을 수 있다면 포기할 수 없는 메뉴다. 이곳의 배추는 수분함량과

식감의 차이는 있을망정 모양새는 거의 한국 배추와 같다. 일명 히나콜(Chinakohl, 중국 배추). 하지만 이 히나콜은 파는 곳이 많지 않고 가격도 들쭉 날쭉이다.

고등어의 경우 그 짭짜름한 구이 맛에 대한 향수를 이곳에서 떨치기 어려웠다. 한국에서는 그리 흔한 절임 고등어가 이곳에는 없다. 그 자리를 훈제고등어가 대신한다. 물론 생고등어를 구할 수는 있다. 장날이나 대형마트에 가면 좌판에 놓인 생고등어를 구경할 수 있다. 하지만 비싼 탓에 쉽게 손이 가진 않는다.

1년에 한두 번, 큰맘 먹고 아이들을 데리고 가는 마트가 있다. 대형 할인마트인 '레알(Real)'. 도심에서 버스로 족히 1시간 이상 떨어진 거리지만 가족 나들이에는 딱 좋은 장소이다. 어느 매장이나 마찬가지지만 이곳에도 쇼핑의 소란함은 없다. 매장 내의 홍보용 외침이나 확성기를 이용한 광고가 없으니까. 고객들의 쇼핑 리듬을 깨는 유일한 것이 있다면 매장 종료 시간을 알리는 방송뿐. 고객은 고객대로 집에서 미리 적어온 물품 목록을 보면서 조용히, 아주 조용히 쇼핑을 즐기고, 점원은 점원대로 고객들이 차분하게 원하는 것을 구매할 수 있도록 돕는다.

일상의 연속처럼, 쇼핑몰에서도 독일 특유의 조용한 분위기는 그렇게 이어진다.

우수함 혹은 수수함

한 남자가 강의실 앞쪽에 등장했다. '드디어 시작인가?' 긴장 반, 설렘 반으로 새 학기, 첫 강의를 기다리던 자세를 바로 고쳐 잡았다. 하지만 이내 다시 느슨해진다. 빛바랜 청바지에 허름한 후드 티셔츠 차림으로 마이크를 이리저리 점검하던 그의 행색 때문이다.

'아, 교수님은 언제 오시지…' 수업 개시를 기다리는 시간이 슬슬 지루해졌다.

"안녕하세요. 이 강의를 맡게 된 사회정책학 교수입니다."

잠시 멍 때리던 찰나, 목소리 울림의 주인공에게 시선을 돌렸다. 내 눈을 의심하지 않을 수 없었다. 목소리의 주인공은 아까 마이크를 점검하던 그 허름한 후드 티셔츠 분이었다.

'뭐라고, 저분이 교수?'

학문적 권위는 뛰어나지만, 실생활은 오히려 굉장히 수수한 게 이곳 교수들의 이색적인 특징이다.

사회정책학 교수의 허름한 행색은 한 학기 내내 변함이 없다. 어쩌다 한번 입는 청바지가 아니라 교복처럼 입고 강단에 서는 모습은 내겐 충격이었다. 물론 고지식하게 양복을 고집하는 분들도 있다. 하지만 40대 초·중반의 비교적 젊은 교수들은 자유분방했으며, 복장에 별로 신경 쓰지 않았다. 여름이면 파란색 남방에 청바지를 고수하는 대머리 통계학 교수님, 허름하다 못해 남루한 티셔츠에 빛바랜 스타일의 청바지를 즐겨 입는 계량경제학 교수님, 그리고 앞서 말한 사회정책학 교수님이 바로 그런 부류였다. 그런 옷차림에 등엔 백팩을 매고, 머리엔 헬멧까지 쓰고 자전거 페달을 열심히 굴리며 학교를 향하는 분들이 바로 이곳 대학교수들이었다.

'왜 이분들은 체통 없이 청바지에 자전거로 출퇴근을 할까? 차비를 아끼려고? 아니면 지구환경과 에너지를 생각해서?' 추측건대 연구할 시간이 부족한 그들에게 자전거는 하나의 운동수단이 아닐까 싶다. 격식 따지는 사람들은 어느 곳이나 있기 마련이지만, 그런 것에 매이지 않고 자기 길을 열심히 걸어가는 교수들이 멋져 보였다. 옷차림이나 출퇴근 도구는 실력을 중시하는 그들에게 그리 중요하지 않았다.

이런 수수함은 학생들에게서도 쉽게 찾아볼 수 있다.

개인적으로 화장을 잘 안 하는 편이다. 직장생활을 하면서도 색조 화장을 해본 적이 별로 없다. 그런 쪽에 관심이 없고, 쌩얼에 대한 자신감도 나름 있었으니까. 실제로 젊을 땐 맨 얼굴로 나가도 '피부

좋다'는 말을 자주 듣곤 했다. 물론 지금은 "이젠 화장 좀 하지?"라는 말이 들려오긴 하지만 말이다.

이런 내게 이곳 여대생들의 모습은 큰 동질감을 주었다. 생머리 질끈 동여맨 헤어스타일에 청바지 차림이 전부다. 화장도 하지 않는다. 학교 다니는 동안 색조 화장을 진하게 하고 다니는 여학생은 거의 보지 못했다.

'예쁜 얼굴에 좀 꾸미지…'라는 말이 절로 나올 정도다. 파마하는 경우도 보기 어렵다. 무언가 인위적인 것을 머리든, 얼굴이든 갖다 대지 않는다. 복장은 거짓말을 조금 보태 100% 청바지 차림이다. 책가방도 다양하지 않다. 학생들 대부분이 백팩을 맨다. 핸드백에 잔뜩 멋을 부리고 다니는 것은 대도시에서 온 중국 여학생들뿐이다. 그런 화려한 차림은 이곳 대학교 분위기에는 오히려 어색할 뿐이다.

은퇴 할아버지가
알바하시는 이유

"학교 가기 싫어요."

개학 무렵이면 으레 던지는 큰아이의 멘트다.
독일은 여름 방학이 겨울 방학보다 길다. 대학교의 경우 여름 방학 기간은 두 달 반, 겨울 방학은 한 달 정도이다. 초등학교부터 고등학교까지는 6주의 여름 방학만 있을 뿐 겨울 방학은 따로 없다. 3주 정도의 크리스마스 방학, 학기 중간중간에 있는 2주 정도의 부활절 방학과 가을 방학이 이를 대신할 뿐이다.

그중 가장 긴 여름 방학을 마치고 학교로 복귀할 때가 되면 큰아이는 학교 가기를 꺼렸고, 개학 날 학교에 갔다 오면 어김없이 투덜댔다. 개학 첫날은 방학 중에 있었던 일을 시시콜콜 얘기하며 하루를 보낸다. 그도 그럴 것이, 방학 숙제도, 선행학습도 없는 아이들이 그 긴 시간 동안 온전히 가족과 함께 보내고 왔으니 할 말이 오죽 많겠는가! 할머니 집에 갔던 얘기, 사촌들과 어울려 지낸 스토리, 피사의 사탑을 보고 왔느니, 호화유람선을 타봤느니 등등 할 얘기가 많고 많은데 본인은 딱히 애깃거리가 없으니, 자기 차례가 돌아오는 것이 오히려 괴로웠을 것이다. 처지는 딱하지만 유학생 부모를 둔 자기 팔자인 걸 어쩌랴!

개인적으론 돌아다니는 것보다 집에서의 쉼을 더 선호하는 편이다. 게다가 여행은 가진 자들이 누리는 호사로 여겨왔다. 그런 내게 이들의 적극적인 쉼의 문화는 인상적이었다. 이들에게 여행과 휴식은 모두가 누릴 보통의 문화였기 때문이다. 올해는 어디로 휴가를 갈 것인지, 어떻게 보낼 것인지를 연중 고민하고, 이것 때문에 일 년을 일하며 버틴다고나 할까!

아르바이트하면서 알게 된 은퇴한 할아버지가 있다.
그에게 "연금으로 생활이 안 되세요? 굳이 이렇게 일할 이유가 있나요?"라고 물었다. 돌아온 그의 대답은 의외였다. "여름 휴가비가 필요해요."
황당했다. '나 원 참! 돈 드는 휴가 안 가면 그만이지. 그 나이에 휴가비를 벌고자 일한다고?'

문화와 생각의 차이인 것이다.
그들이 돈을 버는 목적은 집을 장만하기 위한 것도 아니고, 자녀들의 학비나 결혼자금 때문도 아니다. 월세가 안정되어 있고 대학 수업료가 없는 데다 따로 사교육비가 들지 않으니 평생 집과 자녀교육에 노예처럼 얽매일 필요가 없다. 의료보험이나 연금제 또한 잘 갖추어져 있어 병원비 걱정이나 노후생활에 대한 불안에서도 비교적 자유롭다. 그런 그들에게 일의 목적, 돈 버는 목적은 인간다운 삶에 있다. 1년 동안 열심히 일한 만큼 잘 쉬는 것을 그들의 삶의 목표로 삼고 열심히 실천하고 있는 것이다.

여행 스타일도 남다르다. 이곳저곳 분주하게 다니기보다는 여행지 한 곳을 정해 놓고 그곳에서 여유롭게 즐긴다. 파도가 밀려오는 해변의 썬 베드에 앉아 책을 읽다가 파도의 유혹에 넘어가 몸을 날리며 지친 몸과 마음에 충분한 쉼을 허락하는……．
그리고는 건강해진 몸과 마음으로 다시 일터로 돌아온다. 내년에 찾아갈 새로운 휴양지를 떠올리면서 말이다

양심을 재는
7만 원짜리 질문!

"7만 원짜리 질문할 사람이 당신 곁으로 다가오고 있습니다."

버스 내 무임승차에 대한 경고의 메시지이다.

독일은 저녁 8시 이후를 제외하고는 앞문이든, 뒷문이든, 버스의 승·하차가 자유롭다. 승차권 확인 기계가 버스 중간중간에 설치되어 있어 승차권을 미리 구매한 승객들이 확인 절차를 스스로 밟을 수 있기 때문이다. 그래서 버스표(한 주, 한 달, 내지는 일 년짜리 정기승차권)를 미리 구매하여 이 기계를 이용하는 경우가 많다. 이로 인해 운전자의 일손도 덜고 승·하차의 번잡함도 막을 수 있다.
어디든 다 마찬가지겠지만 완벽한 제도란 없는 법! 이곳에도 이런 느슨해 보이는 법망을 악용하는 사람들이 생기고, 이런 양심 불량자를 쫓는 단속반 역시 어김없이 등장하기 마련이다.

무임승차 단속반은 2인 1조로 하루 종일 시내를 돌되 아무 때나 뜻하지 않은 곳에서 불쑥불쑥 등장한다. 여느 승객과 다름없이 탑승하여 앞, 뒤로 서 있다가 승차권 확인 체크가 끝났다 싶으면 기다렸다는 듯이 그들의 정체를 드러낸다. "버스표 한번 봅시다."를 외치면서 말이다.
이 단속반에 걸리면 많은 사람이 지켜보는 그 자리에서 7만 원짜리 벌금 딱지를 떼이는 것은 물론이고 창피함까지 덤으로 얻는다.

이런 문화에 익숙지 않은 나는 시민들에게 자율적으로 승차권을 확인하게 하는 시스템을 보고 적잖이 놀랐다. 그만큼 사회적 신뢰감과 시민들의 준법의식이 높아서 가능한 일이라고 나름 해석했다. 하지만 단속반을 보고 생각이 달라졌다. 실제 이런 시스템을 작동시키는 것은 눈에 보이지 않는 통제, 그것이 높은 시민의식보다 더 큰 요인으로 작용하고 있었다. 시민들을 존중하며 자유를 주되, 철저히 감시하고 통제하는 시스템이 이런 남다른 질서를 세우고 있었다.

정직을 중요한 덕목으로 생각하는 독일인에게, 그렇게 버스 안은 도덕과 양심을 달아보는 심판장이 되었다.

감기로 병원에 가면

아이를 키우며 병원 문턱을 수시로 넘나드는 이유 중 절반은 감기 때문이다. 하지만 감기로 병원에 갈 필요가 없다는 걸 독일에 온 지 얼마 안 되어 깨달았다.

"물 자주 먹이세요."
"창문은 열어놓고 재우시고요."
"당분간 쉬게 하세요."

기대했던 센 처방 대신 진료 후에 꼭 덧붙이는 의사 선생님의 당부 멘트이다.

'한겨울에 몸도 마음도 추워 힘든데 문을 열고 재우라고?'
'부모가 일하랴 공부하랴 살림하랴 바쁜데 아플 때마다 아이 곁을 지키라고?'

아이들이 아파도 쉬게 할 수 없는 유학생 부부에게 이런 말은 답답함만 더할 뿐이었다.

살던 지역은 여름철에도 일교차가 큰 데다 짧은 여름과 긴 겨울, 거기다 비바람까지 잦은 탓에 아이 둘은 감기를 달고 살았다. 하지만 그런 아이들을 데리고 병원에 가도 신통한 약도, 주사도 없었다. 아예 이곳은 주사약이 없나 싶을 정도로 감기로 주사를 맞힌 적도 없다. 좀 센(?) 약 처방을 원해도 같은 약에 용량을 더해줄 뿐, 약을 여간해서 바꿔주지도 않았다. 그러니 감기로 병원에 갈 이유가 굳이 있으랴!

이곳 치료의 우선순위는 단연코 '쉼'이다. 약보다는 몸의 자연치유력을 존중하고 의지한다. 그래서 아프면 유치원이고 학교고 보내지 않고 본인과 남을 위해 쉬게 하는 것! 그리고 몸의 자연치유력을 믿고 약을 좀 덜 먹고 버틸 수 있는 데까지 버티게 하는 것! 이것이 치료의 우선순위였다.
물론 이런 생각이 옳다는 것, 인정한다. 하지만 처한 현실에서 받아들일 순 없었다. 그래서 언제부턴가 아이가 아프면 병원 대신 약국으로 직행했다. 처방전 없이 살 수 있는 약과 처방전 있는 약 사이에 별 차이가 없음을 깨달았기 때문이다.

이사, 열쇠 한 뭉치와
잠금문화

이사하는 날, 한 뭉치 받은 것이 있다. 바로 열쇠 꾸러미이다. 집 열쇠는 물론 전체 가구가 함께 이용하는 공용 출입문 열쇠, 정원 열쇠, 지하실 출입문 열쇠, 꼭대기 층의 다락방 열쇠, 그리고 우체통 열쇠까지.
열쇠가 있어도 쓰임새가 적으면 별문제가 되지 않겠지만 이곳은 열쇠 없이 공용장소를 드나들 수 없다. 어디든 늘 잠금 상태이기 때문이다.

연립 내에 작은 마당이 있다. 그곳엔 놀이터와 공용 빨랫대가 있는데 이곳을 이용하려면 정원 열쇠를 들고 나가야 한다. 깔끔한 성격 탓에 지하창고에 자전거를 넣을라치면 이 역시 창고 열쇠를 들고 나서야 한다. 우체통은 또 어떠랴! 우편물 역시 관할구역의 우체통 열쇠가 있어야 꺼낼 수 있다. 사생활 노출 걱정이 없어 좋긴 하지만 여간 번거로운 것이 아니다.(참고로 집배원들에게는 업무상 관할구역의 우체통 열쇠가 모두 부여된다.)

무엇보다 불편한 것은 공용출입문 안쪽에 있는 잠금장치이다. 주거규칙 상 저녁 8시 이후에 들어오는 사람은 안쪽 잠금장치를 한 번 더 꼭 채워야 한다. 그래서 가족 중 누가 늦게 오면 출입문까지 내려가 문을 열어줘야 한다. 입주민들이 서로서로 밤 경비를 서는 셈이다.

이런 안전관리는 일반 사무실에서도 마찬가지다. 시청을 포함한 관공서, 대학, 연구기관의 직원들은 작지만 개인 방을 갖고 있다. 그들은 자기 사무실을 비울 때, 심지어 화장실에 갈 때조차도 문을 잠그고 다닌다. 자기가 맡은 업무에 대한 정보를 타인에게 노출하거나, 털리지 않기 위한 노력으로 보인다. 이런 사소한 일이 귀찮을 것 같지만 그들에게 이것은 이미 습관이고 생활이다.

잠금문화에 익숙지 않은 나는 열고 잠그는 일이 너무 귀찮았다. '낮인데 어때?', '내 뒤에 누군가 또 드나들 텐데' 하는 생각 때문이다. 이럴 때마다 여지없이 들려오는 잔소리가 있다.

"프라우 백, 일 끝났으면 문 꼭 잠그고 나오세요."
"프라우 백, 지금은 문 잠그는 시간대예요."

자전거 교통질서

아침 시간대, 특히 오전 7시 30분경이면 양쪽 자전거 길은 정신없이 밀리기 시작한다. 학생이든 어른이든 자전거로 출퇴근과 등교하는 일이 많기 때문이다. 그뿐만 아니라 시내 어디서든 남녀노소 할 것 없이 자전거를 타는 모습은 아주 흔히 볼 수 있는 일상이다.

독일은 자전거 타는 것이 완벽히 보편화 되어 있고 자전거는 시민의 중요한 교통수단이다. 이런 문화와 생활은 잘 닦여진 자전거 도로와 자리매김한 자전거 교통질서 때문에 가능하다.
먼저 자전거 길! 인도 옆에 자전거 길이 시내 구석구석까지 넉넉하게 잘 만들어져 있다. 횡단보도와 자전거 길 사이의 연결선이 잘 구분되어서 자전거가 덜컹거릴 염려 또한 없다. 큰 도로든, 작은 도로든, 골목길이든 마찬가지다.

자전거 길이 양쪽에 마련되어 있다고, 내 편한 대로 아무 쪽에서나 타면 안 된다. 자전거는 무조건 우측통행이다. 이것은 마주 오는 다른 자전거 주행자와의 1차 충돌을 막기 위함이다.
보행자는 자전거 길을 침범해서는 안 된다. 가끔 실수로 자전거 길로 걷다가는 자전거 주행자에게 호되게 욕을 먹는다. 반대로 인도로 자전거를 타고 가도 안 된다. 저녁에는 전, 후방 라이트를 켜고 다녀야 하는 것은 물론이다. 그렇지 않으면 사고로 이어질 수 있기 때문이다. 헬멧 착용은 필수이다. 이렇게 열거된 내용을 어길 경우 벌금을 내야 한다. 음주 주행으로 적발되면 자전거 운전면허 취소가 될 정도로 강도 높은 자전거 법규가 적용된다.

무엇보다 인상 깊은 것은 한 도로에서 자전거와 차량이 함께 달릴 수 있다는 사실이다. 자동차 앞에서 진로변경을 하고 싶으면 수신호를 보내면 된다. 그러면 승용차 운전자가 그 신호를 존중해가며 운전한다. 이런 자전거의 안전 주행과 도로상의 교통질서는 초등학교의 정규 교육과정을 통해 형성되고, 이것이 습관과 생활이 되어 차도에서 승용차와 자전거가 안전하게 함께 달리는 도로 교통질서를 만들어 낸다.

병원비, 약값
모두 제로!

'생명보험, 암보험, 손해보험, 자동차 보험, 화재보험, 상해보험, 교육보험, 실손의료보험, 연금보험, 치아보험, 간병보험, 어린이보험, 태아보험'

이걸 몽땅 들었냐고? 아는 보험의 종류를 나열한 것뿐이다.

우리 삶은 왜 이리 걱정으로 똘똘 뭉쳐있는지, 이거 아니면 안 될 것 같은 불안과 염려가 도를 넘어 이젠 병이 되고 있다. 그러다 보니 집마다 네댓 개의 보험증을 갖고 산다. 매월 통장에서 빠져나가는 보험료를 볼 때마다 나오는 건 한숨뿐. 들고 가자니 부담되고 정리하자니 손해 막급이고.

누군가는 우리나라 의료보험에 대해 이렇게 말한다. 선진국도 부러워하는 의료복지라고. 맞다! 미국 의료보험시스템과 비교하면 이보다 가성비 좋은 보험은 없다. 하지만 문제가 있다. 보장성이 완전하지 않아 추가적으로 집집마다 보험을 몇 개씩 따로 들고, 이런 추가 보험료의 비중이 의료보험료보다 더 큰 부담으로 작용하는 게 우리의 현실이다.

이런 면에서 이곳은 깔끔하다. 그중 질병과 관련된 부분은 더욱 그렇다.
"여보! 나 안 되겠어. 병원에 데려다줘."

한밤중, 갑작스럽게 남편이 가슴 통증을 호소했다. 집 근처 시립 병원 응급실을 찾아 3일간 머물며 종합 검사를 하였다. 검사 결과도 걱정이지만, 병원비 역시 적잖이 걱정된 게 사실이다.
다행히 결과에는 이상이 없었고, 걱정했던 검사비 또한 따로 지불하지 않았다. 퇴원할 때 병원에서 먹은 밥값은 물론이고, 입원에 따른 경비를 일체 내지 않았다. 모든 것이 무료였다. 여기서 무료라는 말은 매달 내는 국민건강보험료 외에 추가 비용이 전혀 들지 않는다는 말이다.

독일의 건강보험은 공보험과 사보험으로 나뉜다. 일정 수입의 근로자는 법적으로 공보험에 가입할 의무가 있다. 그 이상인 경우에만 바꾸든지 남든지 자유롭게 선택할 수 있다. 사보험은 고소득자를 포함해 전체 인구의 약 10%가 가입하고 있으며 평소 보험료를 많이 낸 만큼 특진비와 1인실 이용과 같은 고가의 서비스를 추가비용 없이 받을 수 있다.
공보험의 보장성은 2015년 기준 90%로, OECD 평균 80%와 우리나라 63%(2015년 기준) 수준보다 훨씬 높다. 이것은 보험료 외에 별도의 본인부담금이 거의 발생하지 않는다는 의미다. 이런 이유로 국민보험 외에 실손의료보험 같은 민간보험에 따로 가입할 필요가 없다. 게다가 진료비에 본인부담 상한제가 적용되어 연간 총가구소득의 2% 이상 또는 중증질환으로 연간 총가구소득의 1% 이상을 의료비로 지출하는 경우에는 본인부담이 면제이다. 18살 미만과 임신부, 그리고 저소득층은 모든 부분에서 전액 무료이다. 또한 보험에 비급여항목이 적은데다 의사들 급여가 환자 진찰 때마다 진료비를 청구하는 행위별 수가제가 아닌 미리 책정된 진료비를 분기별로 지급하는 포괄 수가제(진료비 정찰제)의 적용을 받아 과잉진료가 환자나 의료진 사이에서 발생하지 않는다.

물론 의료보험료는 비싸다. 소득대비 15.5%(2012년 기준)로 우리나라 6.12%에 비해 현저히 높아 개인 혹은 가구별 부담이 큰 편이다. 하지만 비용 대비 보장성이 크기 때문에 여기에 크게 불만을 갖지 않는 게 일반적이다. 참고로 대학생의 경우 25세까지는 피부양자의 혜택을 누리며 26세부터는 국민보험 대상자로 분류되어 약 14만 원 정도의 보험료를 부담해야 한다.

'대체 몇 개나 든 거야?'
'대체 이걸 왜 든 거야?'

이런 후회를 이곳 사람들은 할 필요가 없다. 공보험 하나만으로 충분하기 때문이다.

여대생이
임신을 했다면?

대학 3학기 첫 수업 유독 한 여학생이 눈에 들어왔다. 그녀는 여자인 나도 반할 정도로 조각처럼 예뻤다. 그런 그녀의 미모를 주변 남학생들이 몰라줄 리 없었다.

쉬는 시간에 남학생들은 그녀를 곁눈질로 쳐다보고, 서로 수군대다 귀가 빨갛게 달아오르기도 하고, 말 한마디라도 붙여 보려고 옆에서 서성대기 일쑤였다. 얼마 후 그녀는 같은 과의 한 남학생과 사랑에 빠졌고 강의 시간에도 입을 맞출 정도로 둘 사이는 급진전 되었다. 그런데 어찌 된 영문인지, 한동안 그녀의 모습이 보이지 않았다. 교정에서도, 강의실에서도 말이다. 그러다 우연히 그녀를 다시 보게 되었다. 이제 그녀는 더 이상 혼자가 아니었다. 유모차에 아이를 태우고 유치원을 향해 열심히 발걸음을 옮기고 있었다.

대학생들의 동거와 출산은 이곳에서 아주 흔하고 자연스러운 일이다. 남녀가 조금만 친하다 싶으면 어느새 동거에 들어가고,

그러다 아이가 생기면 낳아 기르면서 학업을 이어 가는 것이 독일 대학문화 중 하나이다.
학교와 국가는 임신과 출산으로 학업이 중단되는 여대생들을 그냥 보고만 있지 않는다. 그들을 위해 탁아소와 유치원을 학교에 마련해 놓고 육아로 학업을 중단하는 일이 없도록 돕는다. 여기에는 여성의 잠재력과 경제력을 잃지 않으려는 국가적 계산이 깔려있다.

동거는 대학문화이면서도 사회적 현상이다. 결혼보다 동거를 쉽게 선택하다 보니 비혼모 가족이 흔한 가족 형태 중 하나가 되었다. 실제로 작은아이가 속한 유치원 반엔 정원 15명 중에 비혼모가 절반 이상이었다. 초등학교에 다니는 큰아이 반의 사정도 마찬가지였다. 개중에는 의도적으로 결혼을 하지 않는 예도 있다. 이런 가족 형태가 누리는 법적, 사회적 지원과 혜택 때문이다. 자녀 양육비의 내용은 동일하지만 사회보장 혜택은 일반 가정보다 더 많다는 게 그 이유이다.
물론 이곳 사람들이 결혼을 꺼리는 이유 중 하나는 이혼 후 안게 되는 경제적 부담 때문이다. 이혼하면 양육권을 부모 양쪽에게 주지만 양육을 포기하는 쪽이 양육비를 지급하고 수입이 많으면 수입이 없는 쪽을 위해 생활비도 지원해야 한다.

비혼모 가정의 경우, 자녀 양육비와 생활비 등 모든 경제적 책임을 일차적으로 아버지가 지게 된다. 만약 부양의무자인 아버지가 의무를 이행하지 않을 경우, 정부가 자녀에게 우선 돈을 지급하고, 나중에 아버지의 소득과 재산을 조회해 지급한 생계비를 회수해간다. 부모는 나름대로 자녀에 대한 기본 책임을 철저하게 분담하고, 국가도 분담하도록 법률로 강제하고 있다.

아이 낳는 것이
경제적!

'애 엄마 맞아?'

독일 시내에선 아주 앳된 모습의 소녀들이 유모차에 아기를 태우고 다니는 모습을 종종 보게 된다. 어림잡아 15~16세 남짓이나 되었을까? 사실, '저 나이에 어쩜 저렇게 당당하게 아이를 낳아 기를 수 있을까!' 하는 마음이 들기도 한다.

이곳에서 어린 나이에 부모가 되는 걸 그나마 덜 두렵게 하는 게 있다. 바로 킨더겔트(Kindergeld, 자녀 양육비) 때문이다. 당장의 분유 값과 기저귀 값을 걱정한다면, 경제력 없는 어린 부모들이 선뜻 아이를 낳지 않을 테니 말이다. 킨더겔트는 출산 직후부터 아이가 만 18세가 될 때까지 지급된다. 사실혼이든, 법률혼이든, 비혼이든 구분하지 않는다.

액수는 자녀 순위에 따라 다르다. 2017년 기준으로 첫째와 둘째는 192유로(27만 원), 셋째는 198유로, 넷째 이상은 223유로(31만 원)이며, 18세 이상인 미혼 자녀에게 학업, 직업 교육 등의 사유가 발생할 경우 25세까지 연장하여 지급한다.

지원은 여기서 끝이 아니다. 엘테른겔트(Elterngeld, 부모수당)가 더해진다. 이것은 자녀 출산 후 육아로 휴직하는 부모의 가계수입을 정부에서 보상하는 제도다. 이 수당은 부모가 아이를 집에서 직접 양육한다는 전제하에 부부가 최대 14개월간 신청할 수 있다. 부모수당은 세후 급여의 65%, 최대 1800유로(252만 원)까지, 수입이 없는 구성원에게도 최저 기준을 적용해 월 300유로(42만 원)를 지급한다.

또 자녀수에 따라 세금감면도 달라진다. 경제협력개발기구(OECD)가 발표한 '2018 근로임금과세' 보고서에 따르면 독일의 경우 부양자녀수에 따른 임금노동자 감세 혜택이 큰 것으로 조사됐다. 실례로 자녀가 없는 외벌이 가구의 실질세부담률은 49.7%이지만 자녀 2명을 키우는 경우엔 34.5%까지 떨어진다.

이쯤 되니, 아이 없는 가정은 억울할 수밖에.

독일 정치의 매력

개인적으로 정치를 싫어한다. 정치를 싫어하는 데는 기질 탓이 크다. 작게는 사람과의 복잡한 관계로 얽히는 것이 싫다. 남들 입방아에 오르내리는 것도 싫고, 나서서 싫은 소리 하기도 싫다. 말싸움도 못 하지만 말꼬리 잡고 늘어져 공격해대는 그런 모습조차 보기 싫어한다. 그런 내가 남의 나라 정치판에 관심을 둔다?

그러나 유학 시절엔, 이곳 정치에 관심을, 아니 정확히 말하면 호감을 느꼈더랬다. 그것은 그들의 좀처럼 변치 않는 조직이 부러워서이다.

독일은 의원내각제를 채택하고 있으며 크게 사민당(SPD)과 기민당(CDU)이 주가 되는 정당 체제를 갖추고 있다. 사민당은 사회주의적 자본주의를 지향한다. 즉, 사회민주주의로서의 자유, 정의와 연대, 노동자의 권익 보호 등을 강령으로 삼는 서민정당이다. 이에 비해 기민당은 2005년 이후 현재까지의 집권당이며, 자본주의 논리를 중심으로 한 보수정당이다. 기민당 당수 앙겔라 메르켈은 네 번의 연임 기간 동안 경제적 불안 요소를 잘 극복한 것은 물론이고, EU의 리더로서 독일 위상을 높이는 데 기여한 총리로 알려져 있다.

그 외에 녹색당, 공산당, 나치당 등의 소수정당도 그들만의 정치적 색깔을 때마다 끊임없이 국민들에게 어필한다.

독일 정당들은 자신들만의 분명한 색깔을 갖고 있다. 그 색깔을 변함없이 유지하기 때문에 선거철마다 불거지는 정강의 혼선도, 정치적 야합도, 그로 인한 유권자의 헷갈림과 정치에 대한 불신도 덜하다.
무엇보다 정책의 지속성이 유지된다. 총리가 바뀌어도 이전 정부의 조각을 부분적으로 유지하기도 하고, 한번 조각이 이뤄지면 의회가 새로 구성될 때까지 끝까지 함께 가는 게 보통이다. 오히려 중간에 장관을 교체하는 것을 이례적인 일로 여긴다. 이런 정책의 지속성 때문에 임기 동안 어떤 과업이나 실적을 만들어 내려고 졸속으로 일을 처리하거나 발버둥 치는 모습 또한 보기 어렵다.

이곳 정치에 관심을 두게 되는 이유는 또 있다. 방송에 정치 토론이 참 많다는 것. 방송사마다 매주 정치 토론을 진행한다. 주제는 한 주에 있었던 첨예한 이슈이며, 이를 놓고 여·야 정치인들, 당 대표 또는 장관들은 물론이고 관련 분야의 전문가들, 교수, 실업인과 현장의 이해 당사자들이 함께 패널로 토론에 참여한다.

출연자들은 주제를 놓고 각 당의 주장, 학자로서의 이론적 견해와 실현 여부, 이해 당사자들의 생각 등을 꼼꼼히 대변한다. 토론이 진행되는 내내 참여자들은 각자의 전문성과 논리를 이론, 통계수치와 그를 바탕으로 한 예측으로 상대방을 설득해 나간다.

정치인들은 이런 토론을 즐긴다. 그 과정에서 각 정당은 그들의 정치적 색깔을 확실히 어필하고, 방청객뿐만 아니라 시청자인 국민을 설득하는 기회로 삼는다. 국민들은 토론과정에서 정치인들의 발언에 주목하면서 어떤 당의 전략이 이성적이고 합리적인지를 찾아내고 판단한다.

주어진 시간에 각 당의 상황을 대변하며 상대를 설득시키는 과정에서 언성이 높아지기도 하지만 상대방이 나와 의견이 다르다는 이유로 개인적 감정을 섞지 않으며, 정치인 본연의 임무와 기회를 망각하지도 않는다.

또한 첨예한 이슈에 대해 여야 간 합의가 안 될 때 그것을 정쟁의 수단으로 삼지 않는다. 단지 법 개정과 제정에 오랜 시간이 걸릴 뿐이다. 그것만이 사후의 부작용을 최소화한다고 굳게 믿기 때문이다.

'외국인 가정은
말문이 막힙니다'

"방과 후에 남아 독일어 수업을 받고 가래요."
"갑자기?"

큰아이와 작은아이는 의무적으로 방과 후 독일어 수업을 일주일에 두 시간씩 꼬박꼬박 받아야 했다. 이는 당시 불거졌던 독일의 교육 수준 저하 원인을 늘어나는 외국인에게 돌리면서 나온 자구책이었다. 외국인들이 이곳에서 살면서 겪는 언어장벽은 사회적응과 사회통합 저하를 가져와 각종 사회문제와 범죄를 일으킨다는 논리이다. 2015년 기준 독일 내 외국인 비율은 8.6%(Der Spiegel ,2015.12)로 이 문제는 독일이 계속 안고 가야 할 고민이다.

큰아이 반의 경우, 전체 25명 중 8명, 반의 약 30% 정도가 외국인 가정이었다. 그중 대부분은 터키 아이들인데, 그들의 부모, 즉 이민 2세대는 독일어로 의사소통 정도만 하는 게 고작이다. 이는 그들의 독특한 문화에 기인한다. 터키 사람들은 특정 지역에 모여 살며, 모국어를 사용하고, 그들만의 문화를 고집한다. 그런 부모 밑에서 자라는 아이들은 독일어 발음이 어눌하고 어휘력이 또래 아이들보다 현저히 떨어지는 것이 사실이다. 이는 곧 성적부진으로, 그것은 다시 저조한 고등학교 졸업률과 사회부적응으로 이어지게 된다.
이것은 터키 아이들만의 문제는 아니었다. 우리 가족 역시 언어적응에 어려움을 겪는 것은 비슷했다. 이 문제는 큰아이의 독일어 성적표에서도 여실히 드러났다. 초등학교 1학년 때 받은 독일어 평가항목, '관사를 정확히 사용하며 말하고 있는가?'에서 '종종 실수가 있다'라고 적혀 있었다.

독일어의 모든 명사는 성(性)을 가지고 있다. 남성(der), 여성(die), 중성(das) 이렇게. 문제는 여기서 끝나지 않는다. 명사의 격변화이다. 1격부터 4격까지 구분된 격변화를 문장에서 정확하게 구사하지 않으면 독일 사람들은 전혀 이해할 수 없는 말로 듣는다.
독일 아이들은 입을 떼는 순간부터 엄마로부터 모든 명사마다 관사를 붙여 단어를 배운다. 예를 들어 사과를 그냥, "아펠!(Apfel, 사과)"로 배우지 않고, "데어 아펠(der Apfel)!" 이렇게 배우고 격변화를 대화 속에서 자연스럽게 익혀 나간다.

언어 구사의 가장 기본인 명사의 성 구분을 정확히 못 하는 엄마 밑에서 자란 아이들이 완벽하게 문장을 구사할 리 없다. 아이들이 관사 사용을 잘못하더라도 외국인인 엄마가 먼저 알아차리고 고쳐줄 확률 또한 낮다. 결국 관사와 격변화를 완벽하게 배울 환경이 아닌 곳에서 자란 아이들의 실수는, 어찌 보면 당연하다.
아이가 크면 클수록 독일어 장벽은 점점 더 높아졌다. 부모가 그 문제를 해결하는 데 큰 도움이 안 된다는 것 또한 절감했다. 예를 들어, 아이가 새로 배운 개념을 물어올 때 독일어로 가르쳐주자니 내 독일어 실력이 부족하고, 한국말로 설명해 주자니 아이의 한국어 이해력이 부족하여 서로 난감했다.

"외국에서 다른 언어와 문화를 가지고 산다는 게 쉽지 않음을 인정?" 격하게 '인정'한다.

어린이 도서관과
책 읽어 주는 부모

부모가 해결해 줄 수 없는 언어 문제를 해결하기 위해 2주에 한 번꼴로 열심히 드나든 곳이 있다. 바로 어린이 도서관이다. 날이 좋고 시간이 있으면 자전거로 아이들을 데리고 가지만, 대부분은 시간적 여유가 있는 사람이 아이들 수준에 맞는 책과 CD, DVD를 빌려오곤 했다.

어린이 도서관은 우리로 치면 구마다 하나 있다고 보면 될 것 같다. 도서관에는 장르별로 책이 분류되어 있는데, 동화, 모험담, 고전, 유머, 동물, 곤충, 역사, 소설, 만화, 동화, 여행, 종교, 미술, 음악, 학습용 교재, 어린이용 CD와 DVD, 신간, 잡지까지 다양하게 구비되어 있다. 거기다 여러 종류의 게임용품(보드게임 등)도 빌려준다. 모든 책의 대여 비용은 무료이지만, 신간이나 베스트셀러 작품은 권당 1,400원 정도의 비용을 내야 빌릴 수 있다.

대여 기간은 책은 한 달, CD와 DVD는 2주이며 개수 제한은 따로 없다. 단 대신에 대출 기간을 어기면 연체료를 물어야 한다. 권당 하루 연체료는 700원꼴이어서, 정신을 바짝 차리지 않으면 생각지도 않은 생돈이 그냥 빠져나간다.

빌릴 수 있는 자격은 도시에 사는 시민이면 누구나 된다. 물론 연회비를 내야 한다. 하지만 대학생은 연회비 없이 공짜로 책을 빌릴 수 있다.

자녀를 위한 일에 동·서양이 따로 있겠는가? 이곳 부모들 역시 자녀들 책 읽히기에 열심인 것은 여느 부모들과 마찬가지다. 독서 습관을 초기에 잡아주기 위해 부모는 아이와 함께 도서관과 서점을 열심히 드나든다. 성의 있는 부모들은 아이가 흥미 있어 하는 주제가 하나 생기면 도서관에 있는 책들을 열심히 동원해 호기심을 채우도록 돕는다. 그런 독서 습관과 독서 방법이 아이들에게 한 주제에 대해 상당히 깊이 있는 전문지식을 갖게 한다.

독일 부모들은 장소에 구애받지 않고 자녀들에게 책을 읽어준다. 그곳이 공원이든, 병원의 대기실이든, 버스 안이든 아랑곳하지 않는다. 끝없이 물어오는 아이의 궁금증에 대답하고 설명하느라 여념이 없다. 그리고 잠들기 전에 책을 읽어 주는 것은 부모의 당연한 의무로 여긴다.

조물주 위에 건물주,
이곳엔 없다

이곳은 한국과 달리 전세보다 월세 중심의 주거 형태가 대부분이다. 참고로 독일의 자가점유율은 51.7%(2016 유로스타트 통계)로 EU 국가 중 가장 낮다.

월세는 지역정보지를 활용하면 쉽게 구할 수 있다. 보증금은 3개월 치의 월세이며 이사 가기 3개월 전에 주택관리 회사에 해약 통보를 하면 원하는 날짜에 바로 이사할 수 있다. 새로운 세입자가 구해졌든, 그렇지 않든 상관없다. 그것은 회사의 문제이지 세입자의 문제는 아니다.

하지만 이사할 때 보증금 전액을 돌려받을 수 있을지의 여부는 장담할 수 없다. 보증금 전액을 돌려받으려면 살던 집에 하자가 없어야 하고, 정돈상태가 이사하기 전처럼 아주 말끔해야 한다. 여기서 페인트칠은 필수 항목이다. 짐을 모조리 빼고 천장부터 온 방을 구석구석까지 몽땅 칠해야 한다. 페인트칠에 진을 빼고 나면 그 다음은 청소! 유리창부터 전기스토브의 묵은 때며, 부엌과 화장실 구석구석의 때까지 말끔하게 제거해야 한다.(참고로 독일 수돗물에는 석회가 함유되어 있어 때마다 말끔히 제거하지 않으면 나중에 애를 먹는다.) 이런 의식을 치러야 보증금 전액을 돌려받을 수 있다. 남을 위한 배려인지, 내가 쓴 것에 대한 책임을 묻는 것인지 진 빠지고 헷갈리는 일이다.

살던 집의 월세는 7년 동안 거의 오르지 않았다. 그래서 재계약을 앞두고 갖는 불안이나 걱정이 덜했다. 월세에 대한 불안감이 적은 이유는 무엇일까? 지형적 요인도 있겠지만 균형적인 지역발전과 교육적 요인, 그중 대학교 간의 수준 차이가 없다는 점이 큰 요인으로 작용한다.
개중에 공대는 어디, 의대는 어디라고 하는 사람도 있지만, 대학교 간 교수 1인당 학생 비율, 교원당 논문 수, 도서 등을 포함한 교육서비스의 공급 면에서 별 차이가 없다는 게 독일 사람들이 갖는 일반적 생각이다. 이런 이유로 특정 지역과 특정 대학으로 인재가 쏠리는 현상이 발생하지 않는다. 굳이 방값 따로 내며 다른 지역으로 갈 이유가 없는 것이다.

대학 수준의 평준화는 사회 각 분야의 지역인재 분포에도 영향을 준다. 학생들은 대학을 졸업하면 보통 자기 고장에서 먼저 직장을 찾는다. 의대를 졸업하고 해당 주(州)의 주립병원과 지방 도시 병원에서 일자리를 찾고, 정치학을 공부한 뒤에 해당 주의 의회에서 정치인으로 일한다. 교수가 될 사람은 '하빌리'(박사학위 상위 과정인 교수자격 과정)를 거친 후 나중에 모교에서 자리를 잡는다. 지방인재가 이렇게 해당 지역으로 흡수되기 때문에 정치, 교육, 의료, 문화 수준이 고르게 발전하여 특정 지역으로의 인구 쏠림현상은 다시 한 번 줄어든다.

월세를 포함한 안정적인 주택수급을 가능케 하는 이유를 하나 더 들자면 국가가 세입자 편에 선다는 점이다. 국가는 임대인이 정당한 사유 없이 계약을 해지하는 것을 법으로 철저히 금하고 있으며 임대료 상승에 대한 규제 또한 강력하여 건물주들이 집세를 가지고 폭리를 취하지 못한다. 안정된 월세뿐만 아니라 가난한 서민들에게 반가운 혜택이 하나 더 있다. 그것은 본겔트(Wohngeld, 주거보조금)이다. 이것은 국민들의 주거생활 안정을 위해 월세의 일부를 국가가 보조해 주는 제도로, 보조금액은 부모의 소득, 방의 크기, 그리고 자녀 수 등을 고려하여 책정한다. 이것 때문에 소득이 낮은 서민들의 안정적 월세 생활이 가능하다.

이런 법률적 규제와 제도적 장치로 월세가 안정되어 서민들의 주거권이 보장되며 집 없는 서민들이 눈물짓는 일을 없게 한다.

제대로 된 쉼

"여보! 서둘러! 문 닫을 시간이야!"

'서둘러!'라는 표현은 이곳에선 어울리지 않는다. 하지만 서둘러야 하는 일이 딱 하나 있다. 그것은 바로 '장보기'이다.

이곳에서의 장보기는 거의 전투이다. 살던 지역에서 평일은 오후 9시, 토요일은 오후 6시면 모든 슈퍼가 문을 닫는다. 그 시간 이후로는 어디서든 물건을 살 수가 없다. 일요일과 공휴일은 아예 문을 열지 않는다. 그래서 장보기에 바짝 신경을 쓰지 않으면 긴긴 주말 동안 굶는 일이 생길 수도 있다.

이러한 분주함으로 비상식량을 준비하고 나면 2(토, 일요일 이틀)+0.5(금요일 오후 반나절)일 동안 쉼이 확실한 주말이 찾아든다. 집안에는 쌓아둔 양식이 있고, 시간적 여유가 있고, 함께 할 가족이 있으니 이 정도면 확실한 쉼이 있는 주말이 아니겠는가!

이런 쉼은 모든 독일 국민에게 허용된다. 국가는 주말과 공휴일 모든 영업을 법으로 제한하고 있어 독일 대부분의 마트나 레스토랑,

그리고 소매업종은 일요일과 공휴일에 영업을 하지 못한다. 이것은 노동자들의 쉴 권리를 보장하기 위함이다. 마트나 레스토랑 노동자들도 일요일과 공휴일에 쉴 권리가 있다는 것이다. 그만큼 국가가 노동자의 쉼을 확실히 챙긴다. 소비자의 편익과 회사의 이익만큼 노동자의 권리도 중요함을 보여주는 셈이다.

'독일은 일 보다 쉼이 있는 삶을 지향한다.'

이것은 노동시간과 유급 휴가제에서도 확인할 수 있다. 독일은 OECD 국가 중 가장 일을 적게 하는 나라로 유명하다. OECD에서 발표한 '2016년 고용동향'에 따르면 한국 근로자가 연간 2,113시간 일하는 것에 비해 독일은 1,371시간을 일한다. 한국 근로자가 독일 근로자보다 연간 742시간, 이것을 법정근로시간 8시간으로 나누면 92일 정도를 더 일하는 셈이다. 온라인 여행사 익스피디아의 '2016년 유급휴가 사용실태 조사' 자료에 따르면 독일 직장인의 연간 유급휴가일 수는 28일, 한국 직장인의 연간 유급휴가일 수는 8일로, 독일 직장인은 세계에서 좀 여유있게 놀 줄 아는 국가로도 분류된다. 그런데도 독일의 GDP 규모는 매년 세계 5위권 안에 든다.

적은 노동시간, 누구 못지않은 쉼(휴가). 그러면서도 생산성이 높은 이유는 도대체 어디서 오는 것일까? 제대로 된 쉼. 그것 때문은 아닐까!

벼룩시장 인생

유학 생활에서 빼놓을 수 없는 것이 있다면 벼룩시장이다. 벼룩시장은 4월 첫 주를 시작으로 10월까지 매월 첫 주 일요일에 시청광장에서 열린다. 시청광장을 중심으로 그 주변을 따라 골목골목 장이 선다. 그 탓에 시장을 다 둘러보려면 반나절 이상은 족히 걸린다. 벼룩시장에는 없는 게 없다. 가방, 신발, 옷가지, 주방용품, 전자제품, 장난감, 책, 문구류, 침구류까지…
벼룩시장은 힘든 유학 생활에 숨통을 트여 주고, 살림살이에 쏠쏠한 재미를 주기에 넉넉했다. 그래서인지 봄 내음 나기 시작하면 가슴은 벌써 뛰기 시작한다.

벼룩시장에 나오는 물건은 품질 면에서도 우수하다. 시중의 저가 브랜드부터 휘슬러 압력솥, 지멘스·브라운 마크의 전자제품, H&M과 베네통 상표가 붙은 옷가지 등등. 이렇게 나온 옷가지와 신발은 깨끗이 세탁되어 있는 데다 깔끔한 집은 다림질까지 해서 나온다. 가격은 어디서도 비교할 수 없을 정도로 싸다. 유학 초반엔 천 원이나 이천 원 정도면 아이들 티셔츠나 바지 한 장, 아주 좋은 코끼리표(elepfanten) 가죽 신발까지 충분히 살 수 있었다. 물론 지금은 그때와 비교하면 2배 이상 가격이 오른 감이 있다.

벼룩시장 제품은 1유로(1,400원) 선에서 흥정이 시작된다. 서로 재미나 재활용을 목적으로 한 만남이기 때문에 가격을 그렇게 높게 부르진 않는다. 게다가 정말 친절한 주인을 만나면 그냥 공짜로 물건을 얻기도 한다. 이런 재미로 벼룩시장이 서는 전날은 잠을 설치고 알람 없이도 눈이 저절로 떠진다. 어떤 분은 벼룩시장이 서는 전날, 목욕재계하고 기다린다고 말할 정도로 유학 생활에서 벼룩시장은 신성할 정도의 가치를 지닌다.

그런 벼룩시장에 치열한 경쟁자가 있다. 바로 터키 아줌마들이다. 이들도 벼룩시장을 찾는 단골 중 하나인데, 어찌 보면 이것이 그들의 독일에서의 삶이 녹록지 않음을 말해준다. 독일에서 그들을 바라보는 시선이 곱지 않은 데다, 그들이 하는 일이래야 허드렛일, 아니면 케밥 장사와 같은 자영업이 주를 이루고 있으니 수입 또한 넉넉하지 않을 수밖에. 그런 형편 속에 살림을 알뜰하게 꾸려가자면 그들에게도 벼룩시장이 나만큼 긴요할 것이다. 그들 역시 이른 아침부터 벼룩시장을 돌며 좋은 물건을 내가 치를 수 있는 가격보다 훨씬 웃돈을 주고 흥정한다. 그래서 그들보다 서두르지 않으면 벼룩시장에서 싸고 좋은 물건을 놓치기 십상이다.

이런 경쟁자들 때문에 벼룩시장 출근 시간은 나날이 빨라져 새벽 5시 반부터 집을 나서기 시작한다. 공식적인 개장 시간은 오전 8시지만, 부지런한 주인은 6시만 되어도 손님 맞을 준비를 끝내고 있기 때문이다.

벼룩시장 이용의 꿀팁 중 하나는 당장 필요치 않아도 미리미리 큰 사이즈의 옷가지며 신발을 사두어야 한다는 것이다. 정작 필요할 때 사려면 원하는 사이즈를 구하기 어렵기 때문이다.

나는 신장으로 치면 이곳의 중학생 정도에 해당한다. 하지만 이 사이즈를 사도 입을 수가 없다. 엉덩이와 허벅지 사이즈가 아이들과 다르기 때문이다. 그래서 바지를 고를 때 여간 힘든 게 아니다. 대안은 허리와 품이 맞는 어른 것을 골라 바지 길이를 잘라 입든지, 아니면 몇 번 접어 입는 수밖에 없다. 옷은 줄여서든, 걷어서든 입을 수 있지만 전자제품의 사정은 다르다. 사실 전자제품을 벼룩시장에서 사기에는 리스크가 크다. 전원을 꽂아 확인할 수 없는 데다 벼룩시장 특성상 하자가 있을 때 교환이 어렵기 때문이다. 실제로 테이프가 씹히는 CD 플레이어를 구입해 낭패를 본 적도 있다.

좋은 물건을 많이, 그리고 싸게 사서 돌아오는 기분은 좀 과장해서 표현하자면 어부의 만선 때와 같다고나 할까! '어디서 이 좋은 물건을 싼 값에 살 수 있으랴' 싶고, 그 물건을 보고 좋아할 아이들을 생각하면 자전거로 언덕배기를 오르면서도 힘 하나 들지 않으니 말이다. 벼룩시장에서 돌아올 시간이면 아이들은 초인종 소리에 맞춰 맨발로 한달음에 뛰어 내려온다. '엄마 배낭 속에 뭐가 들었을까?' 궁금해 하면서 말이다.

벼룩시장…
독일인들에겐 하나의 재미있는 공간이라면, 유학생에게는 없어서는 안 될, 생활의 필수공간이다. 혹자의 말처럼 '벼룩시장 인생'이라고나 할까?

품격을 갖춘
시위문화

대학본부 건물 앞으로 학생들이 모이는가 싶더니 그 수가 제법 된다. 경찰차와 정복 경찰도 서성이고, 카메라를 든 방송국 기자도 눈에 띈다. 그렇다. 바로 학생 시위 현장이다. 독일 학교생활에서 처음 본, 낯선 풍경이었다.

독일은 통독 후 어려워진 경제 사정을 고려해 느슨한 교육 현실을 지양하고자 노력하고 있다. 그 방안으로 거론된 게 바로 수업료 징수 문제. 학생들과 학부모의 거부 반응은 상당했고 지역마다 이 문제를 놓고 열띤 토론이 벌어졌다. 액수와 상관없이 그동안 한 푼도 안 내던 수업료를 왜 내야 하는지 납득할 수 없다는 것이 그들의 생각이었다. 자신들이 내는 많은 세금이 바로 이런 것을 위한 것이 아니냐면서 말이다.

학생 대표가 확성기를 통해 수업료 징수에 대한 부당함을 학생들에게 설명하고, 이에 호응하는 학생들은 함께 노래를 부르며 시가행진에 나섰다. 경찰차가 앞뒤로 시위대를 호위했고, 방송국 관계자는 시위대를 쫓아가며 인터뷰를 시도하기도 했다.

독일(서독) 역시 1960~70년대는 비교적 시위가 많았던 시기였다. 베트남전쟁으로 제국주의의 잔상을 떠올리면서 기성세대가 이룬 체제에 대한 회의와 반성이 학생을 중심으로 나타났다. 그 결과 나치 잔재 청산이 정치영역에서 일어났고 "민주주의를 감행하자!"(Demokratie wagen)를 선거 구호로 외친, 반나치의 상징 빌리브란트가 집권하면서 다양한 분야에서의 민주주의가 시도되었다. 그 결과 교육, 인권, 여성, 노동, 환경 분야에서 제도적 변화를 가져와 사회 각 분야의 독점적 양상(권력, 경제력, 성 역할)이 분산되는 결과를 끌어냈다. 이러한 역사적 맥락을 가진 좋은 구경거리를 놓칠 순 없었다.

시위는 기대와달리 불과 30분 만에 끝났다. 너무 조용하고 질서정연한 모습이라 싱겁다는 생각이 들 정도였다. 하지만 그 영향은 바로 나타났다. 그날 밤부터 TV에 학교 수업료 징수 문제가 공론화되기 시작했고, 주 정부에서 이 사실을 놓고 여·야간에 활발한 논쟁을 펼쳤으며 학생들과 의견조정 시간을 갖기도 했다. 그 결과 이곳 키일대학에선 '등록금 징수'가 보류되었다.

이러한 사회적 참여와 합의는 좀 전에 말한 학생운동, 일명 '68혁명'의 영향 중 하나이다. 68혁명 이후 교육정책에 대한 심한 갈등이 1976년 교육기준 합의인 '보이텔스바흐'(Beutelsbacher Konsens)를 가져왔다. 그 내용은 교화 또는 주입식 교육 금지, 정치적 논쟁과 학문적 논쟁 지속, 그리고 정치적 관심사의 관철과 해결 능력 배양 등이다.

즉, 사회적 논쟁이라면 어떤 것이든 수업주제로 끌어들여 사회문제에 대해 고민하고 비판하는, 그리고 생각을 행동으로 표출하는 시민을 육성하는 것이 교육목표가 되었고 이런 시민의식 구현이 곧 사회정의를 이룰 수 있다고 보았다.

이 일을 이루기 위해 꼭 있어야 할 징검다리가 있다. 바로 사회적 연대감이다. 곁에 있는 사람이 가난하든, 동독인이든, 노동자든, 이민자든 누가 되었든 그들과 '함께' 가고자 하는 강한 연대감을 가진 시민을 육성하는 것, 그것이 무상교육, 무상의료와 같은 세계적인 사회보장제를 만들었으며 심지어 2015년 이후 117만의 난민수용을 가능케 했다.

높은 시민의식과 사회적 연대감을 통해 품격 있는 사회정의가 그렇게 만들어지고 있다.

이웃집 아저씨 같은
변호사

"프라우 백(Frau Baek), 그건 사기예요. 사기!"

큰아이가 플롯을 배우면서 빚어진 일이다. 음악학원에서 3년째 악기를 빌려 쓰다 갑자기 드는 생각 하나. '이게 과연 경제적일까?' 그동안의 악기 대여료만 모아도 중고 악기는 족히 사고도 남았을 것 같았다. 생각이 이에 미치자 악기를 구매해야겠다는 열정이 확 살아났다. 중고사이트를 열심히 뒤져 결국 악기 하나를 구매했다. 나름 믿을만한 사이트라고 생각한 이베이(ebay)에서.

아이에게 남의 것이 아닌 자신의 것을 손에 들려주니 사뭇 흐뭇했다. 하지만 그 기쁨도 잠깐. 레슨 선생님이 새롭게 구매한 악기 상태를 보더니 사기라며 어쩔 줄 몰라 한다. 폴더가 이미 여러 개 망가져 좋은 소리를 기대하긴 어렵다고. 가격대비 악기 상태가 너무 안 좋으니 빨리 반품하란다.

분명 악기 상태가 최상이라고, 이 가격에 사면 후회하지 않을 거라 해서 믿고 샀는데........ 또 나 나름 잰다고 재며 구매한 건데.

레슨 선생님의 말에 얼굴은 하얗게 질렸고 이 문제를 어떻게 풀어야 할지 머리는 복잡해졌다. 우리나라도 아닌 남의 나라에서 이런 일을 당할 줄이야!

집에 돌아와 판매자에게 부랴부랴 이메일로 반품 의사를 밝혔다. 악기 상태가 인터넷상에 올린 정보랑 맞지 않으니 환불해 달라고 요청했다. 아니나 다를까! 판매자는 완전 발뺌을 하며 환불을 거부했다.

난감했다. 이걸 어디 가서 하소연하랴! 정신을 차리고 아름아름 물어 대학 안에 있는 법률상담소를 찾아 자문을 구했고 거기서 연결해준 변호사를 찾아갔다. 역시 한방에 통했다. 변호사가 써준 편지 한 통에 판매자는 바로 꼬리를 내리고 환불해주었다.

법, 하면 독일! 독일, 하면 법!
법적인 문제를 경험하고 나니 독일 사람들은 이런 법률문제가 생길 때 어떻게 해결하는지 궁금했다.

이곳 사람들은 살면서 생기는 크고 작은 분쟁 앞에 망설임 없이 쉽게 변호사를 찾는다. 물론 인구 대비 변호사 수가 이곳이 더 많다. 그렇다고 변호사 비용이 만만하냐? 인건비 비싼 나라에서 절대 그럴 리 없다. 그럼에도 서민들이 쉽게 변호사를 상대할 수 있는 이유는 무엇일까? 그것은 바로 법률보험 때문이다.

보통 한 집 걸러 하나씩 들었을 정도로 독일 전체 가구 수의 48%가 들고 있는 이 보험은 법률서비스 보험(권리보호보험)이다.

서민들이 쉽게 접근 가능한 건 월 보험료가 저렴하다는 이유이다. 월

3만 원 정도. 이런 저렴한 비용으로 법률상담비용을 포함한 변호사 수임료, 인지대, 감정 비용 등의 법률비용을 변제받을 수 있으니 보험가입을 놓고 망설일 이유가 없다. 변호사를 옆집 아저씨처럼 편하게 느끼면서 말이다

딸깍소리,
돈 되는 소리

'딸칵, 딸칵'
빈병 떨어지는 소리. 이 소리는 돈이 되는 소리다.

독일은 비교적 환경보존이 잘 되어 있어 수질이 매우 좋은 편이다. 수질은 좋은데 그냥 마실 순 없다. 바로 칼크(calc) 때문이다. 칼크는 석회질과 탄산칼슘이 주성분이며 이것이 몸에 쌓이면 요로결석이나 신장결석 등을 유발할 수 있고 관절에 석회성 건염이 생길 확률도 높다고 알려져 있다. 물론 칼크 함유량은 지역마다 다르다.

사정이 이렇다 보니 독일 대부분의 가정에선 물을 사 먹거나 브리타 같은 칼크 제거용 정수기를 집집마다 비치해 놓고 쓴다. 그런데 문제는 물값이다. 4인 가족 기준으로 한 주에 드는 물값은 만만치 않다. 물값이 비싸게 느껴지는 것은 물값에 병값이 포함되어 있기 때문이다. 물 한 병에 병값은 0.08(110원, 유리병값)에서 0.25유로(350원, 캔과 플라스틱병값)선이다.

플라스틱 용기에 담은 물값에는 병당 0.25유로의 병값이 포함된 셈이다. 예를 들어, 우리 기준으로 600원짜리 물이 있다 치자. 이것을 계산대에선 950원으로 계산한다. 600원짜리 물값의 절반 이상을 차지하는 병값, 350원을 포함하기 때문이다. 병값은 유리병은 물론이고 플라스틱과 캔과 같은 다양한 용기에 모두 적용된다. 이것이 한 주간 마신 빈 병을 그냥 버릴 수 없는 이유이다.

병값을 돌려받는 방법을 '판트'라고 한다. 판트(Pfand)는 독일어로 보증금을 뜻한다. 맡겨놓은 돈이라는 것이다. 이 만만치 않은 병값을 돌려받는 것은 소비자의 당연한 권리이지만 귀차니즘을 버려야 가능한 일이다. 먼저 병을 훼손하면 안 된다. 온 가족이 매일 먹고 쏟아내는 물병을 보관하는 번거로움도 참아야 하고 그것을 싸 들고 가는 수고스러움 역시 필요하다.

우리 가족이 한 주에 돌려받는 판트액은 적게는 약 8천 원에서 1만 원 정도였다. 한 달이면 약 4만 원 선. 만만치 않은 유혹이었다. 이런 유혹 때문에 귀찮고 불편해도 집집마다 모아둔 빈 병을 싸 들고 마트를 향해 가는 것이다.
이런 불편함과 수고를 참고 실천할 수 있게 하는 요인이 또 하나있다. 바로 슈퍼 앞에 설치된 공병처리 기계이다. 계산원에게 개수를 일일이 세게 하는 번거로움 없이 본인이 직접 기계에 가서 빈 병을 넣으면 그만이다. 마지막 빈 병을 처리하고 나면 빈 병에 대한 금액 계산서가 나오고 그것을 카운터에 건네면 그만큼의 비용으로 물건 값을 할인받든지 아니면 현금으로 돌려받는다.

환경에 대한 생각을 실천하도록 돈으로 유인하는 셈이다. 딸깍 소리, 불편하지만 빈 병을 함부로 대할 수 없는 소리이자 돈 되는 소리임이 틀림없다. 또 그 소리는 환경을 지켜내는 소리이기도 하다

통일의 후유증,
고통 분담으로 이겨내다

"자, 지금부터 유럽연합 발전과정 설명 들어간다. 정신 똑똑히 차려!"
"유럽연합의 뿌리는 유럽석탄철강공동체야. 당시 전쟁에 필수적인 석탄과 철강생산을 공동 관리에 둠으로써 전쟁을 막고 평화를 지키자는 취지였지. (중략) 1993년 마스트리히트조약 발효로 EU 출범과 유로화 도입이 가능케 된 거야. 알겠지?"

한국을 떠나기 전까지 학생들에게 여러 차례 가르친 내용이다. 그렇게 가르쳤던 내용이 현실이 되다니!

2002년 1월, 당시 유럽연합 회원국 12개 국가에서 유럽통합의 상징인 유로화를 쓰기 시작했다. 두 차례의 세계대전 이후 유럽 평화를 지키기 위해 국경을 뛰어넘는 통합이 필요하다는 전제로 추진한 결과물이다. 그 역사적인 출발점에 설 줄이야! 솔직히 설레고 벅찼다.
'이 많은 나라가 하나로 통일된 화폐를 쓰다니, 해냈구나! 진짜. 대

단해!'

뭐, 이런 생각들! 베를린 장벽이 무너지던 순간이었다면 아예 길거리에 나가 춤출 판이었다.

하지만 이것은 설렘과 감동이 아니라, 생활고의 시작이었다. 원화 대비 유로 환율이 1유로 1,100원을 시작으로 1,600원까지 치솟았다. 집에서 일정액의 도움을 받는 유학생들은 버티기 어려워졌다. 여기에는 환율 문제뿐만 아니라 통일 후 어려워진 독일 경제 상황도 한몫했다. 통독 후 서독과 동독의 1대1 화폐 통합으로 동독지역 기업들의 대규모 파산과 제조업 분야의 공동화 현상이 발생했다. 동독지역의 높은 실업률과 지속적인 실업 증가세로 2004년 실업률은 20%를 넘어섰다. 이것은 독일 사회의 불안 요인이 되었고 독일 경제성장 정체와 잘나가던 복지체계의 기반마저 흔들었다.

문제해결을 위해 정부는 실업급여 기간 축소, 실업급여 후의 실업부조 제한, 실업급여 수급자의 일자리 찾기 요구(거부 시 지급금액 삭감) 등을 단행했다. 그 과정에서 유학생들에게 묻지도 따지지도 않고 주던 복지(아동수당, 주거보조금 등) 혜택을 걷어갔고 대학등록금 징수도 이때부터 거론되기 시작했다. 또한 해고와 고용을 쉽게 할 수 있도록 노동시장을 유연화하면서도 월 400유로 이하의 미니잡과 1인 기업 창업도 활성화되기 시작했다.

이런 조처에 힘입어 2004년을 정점으로 실업자 수는 줄기 시작했고 2005년 이후 사회보험이 보장되는 일자리 260만 개가 만들어졌다. 물론 그 과정에서 사회적 불평과 저항이 왜 없었겠는가! 정부가 취한 긴축정책과 사회보장 내용의 축소로 국민의 인내심은 한계에 달했고 못 살겠다는 신음소리가 곳곳에서 들려왔다. 동독지역의 공동화 현상과 동독지역 주민들에게 안겨준 상대적 박탈감은 거세지고, 이 지역의 범죄율은 국내 평균치를 훨씬 웃돌면서 사회적 불안감은 커졌고 그것은 신나찌당과 공산당의 부활을 불러왔다.

하지만 이보다 더 무서운 힘은 이런 정부 조치를 참고 견뎌낸 국민들이 있었다는 사실이다. 그들은 임금동결과 임금삭감을 받아들였고, 잔업수당을 받지 않고 일했으며 약속했던 성과급 수령을 미뤘다. 또한 휴가비와 크리스마스 보너스를 보류하거나 반납했다.

그 결과, 2018년 기준 현재 통일 후 최저치의 실업률(5.2%)을 기록하고 건실한 성장세를 이어가는 등 기대 이상의 성장률뿐만 아니라 경제회복의 지속가능성 여부 또한 안정적으로 평가받고 있다. 통일 후 2000년대 중반까지 이어진 높은 실업률과 경기 침체의 악순환의 시간을 그들은 그렇게 함께 이겨냈다. 설득을 통해 이뤄낸 합의, 그리고 고통을 함께 나누고자 하는 사회적 분위기가 만들어 낸 결과였다.

세기의 관심사였던 독일 통일, 더 나은 미래를 꿈꾸며 이룬 통일, 하지만 많은 후유증과 고통을 유발한 통일은 연대의식의 발휘와 합리적 제도의 시행으로 독일 사회체제의 건실함을 세상에 다시 한번 보여준 역사적 사건이 되었다.

도서출판 이비컴의 실용서 브랜드 **이비락**®은 더불어 사는 삶에 긍정의 변화를 가져다 줄 유익한 책을 만들기 위해 노력합니다.
원고 및 기획안 문의 : bookbee@naver.com